航空运输类专业系列教材
职业教育国家在线精品课程

空乘技能与管理

郭雅萌　主　编
邬静媛　李启星　赵红倩　何　雨　副主编

电子工业出版社
Publishing House of Electronics Industry
北京·BEIJING

内 容 简 介

本书以提升职业院校师生技术技能水平、培育工匠精神为宗旨，以国家级精品在线开放课程和职业教育国家在线精品课程"乘务技能与管理"作为支撑，依据客舱乘务员职业岗位要求，从航前准备、直接准备、空中实施、航后讲评4个阶段来完成乘务员登机服务、客舱服务、旅客沟通、特情处置等工作项目。本书共7个项目，主要内容涉及空乘服务概述、乘务员专业化形象、客舱设备应用、普通舱服务、两舱服务、特殊情况处置及其他机上项目应用。本书通过介绍客舱服务的意义、内容、处理原则和工作方法等理论知识，使学生具有良好的沟通交流能力和实践能力；通过任务导向式教学模式，使学生掌握客舱服务的相关内容和服务技巧，能完成客舱服务相关岗位的实际工作任务。

本书旨在培养学生善于沟通和合作的品质，提高学生的职业道德和专业素质，为成为一名合格的客舱乘务员奠定职业能力基础。

本书可作为高等院校、职业院校空乘专业学生的教材。

未经许可，不得以任何方式复制或抄袭本书之部分或全部内容。
版权所有，侵权必究。

图书在版编目（CIP）数据

空乘技能与管理 / 郭雅萌主编. —北京：电子工业出版社，2023.6
ISBN 978-7-121-45818-7

Ⅰ.①空… Ⅱ.①郭… Ⅲ.①民用航空—乘务人员—教材 Ⅳ.①F560.9

中国国家版本馆 CIP 数据核字（2023）第 111771 号

责任编辑：孙　伟　　　文字编辑：李书乐
印　　刷：北京市大天乐投资管理有限公司
装　　订：北京市大天乐投资管理有限公司
出版发行：电子工业出版社
　　　　　北京市海淀区万寿路 173 信箱　邮编 100036
开　　本：787×1092　1/16　印张：13.5　字数：345.6 千字
版　　次：2023 年 6 月第 1 版
印　　次：2023 年 6 月第 1 次印刷
定　　价：56.00 元

凡所购买电子工业出版社图书有缺损问题，请向购买书店调换。若书店售缺，请与本社发行部联系，联系及邮购电话：（010）88254888，88258888。
质量投诉请发邮件至 zlts@phei.com.cn，盗版侵权举报请发邮件至 dbqq@phei.com.cn。
本书咨询联系方式：（010）88254571 或 lishl@phei.com.cn。

航空运输类专业系列教材
建设委员会

主任委员

马广岭（海航集团）
马　剑（北京临空国际技术研究院）
杨涵涛（三亚航空旅游职业学院）
李宗凌（奥凯航空有限公司）
李爱青（中国航空运输协会）
李殿春（香港航空有限公司）
吴三民（郑州中原国际航空控股发展有限公司）
李　赛（国际航空运输协会）
迟　焰（北京航空航天大学）
张武安（春秋航空股份有限公司）
张宝林（西安交通大学）
陈　燕（中国航空运输协会）
郑　越（长沙航空职业技术学院）
耿进友（北京外航服务有限责任公司）
黄　伟（重庆机场集团有限公司）
慕　琦（广州民航职业技术学院）

副主任委员

王　帅　江洪湖　汤　黎　陈　卓　陈晓燕　何　梅　何　蕾
罗良翌　赵晓硕　赵淑桐　廖正非　熊盛新

委　员

马晓虹	马爱聪	王　东	王　春	王　珺	王　蓓	王冉冉	王仙萌	王若竹
王远梅	王慧然	方凤玲	邓娟娟	孔庆棠	石月红	白冰如	宁　红	邢　蕾
先梦瑜	刘　科	刘　琴	刘　舒	刘连勋	刘晓婷	许　赞	许夏鑫	江　群
范　晔	杜　鹤	杨　敏	杨青云	杨祖高	杨振秋	李广春	吴甜甜	吴啸骅
汪小玲	张　进	张　琳	张　敬	张桂兰	陆　蓉	陈李静	陈晓燕	金　恒
金良奎	周科慧	庞　荣	郑菲菲	赵　艳	郝建萍	胡元群	胡成富	冒耀祺
鸥志鹏	钟波兰	姜　兰	拜明星	姚虹华	姚慧敏	夏　爽	党　杰	徐　竹
徐月芳	徐婷婷	高文霞	郭　凤	郭　宇	郭　沙	郭　婕	郭珍梅	郭素婷
郭雅荫	郭慧卿	唐红光	曹义莲	曹建华	崔学民	黄　山	黄　华	黄华勇
章　健	韩奋畴	韩海云	程秀全	傅志红	焦红卫	湛　明	温　俊	谢　芳
谢　苏	路　荣	谭卫娟	熊　忠	潘长宏	霍连才	魏亚波		

总策划　江洪湖

协 助 建 设 单 位

国际航空运输协会	长沙南方职业学院	武汉东湖光电学校
春秋航空股份有限公司	长沙商贸旅游职业技术学院	闽西职业技术学院
奥凯航空有限公司	长沙民政职业技术学院	黄冈职业技术学院
香港快运航空公司	南京航空航天大学	衡水职业技术学院
重庆机场集团有限公司	浙江旅游职业学院	山东海事职业学院
北京外航服务责任有限公司	潍坊工程职业学院	安徽建工技师学院
北京临空国际技术研究院	江苏工程职业技术学院	安徽国防科技职业学院
郑州中原国际航空控股发展有限公司	江苏安全技术职业学院	惠州市财经职业技术学校
	湖南生物机电职业技术学院	黑龙江能源职业学院
杭州开元书局有限公司	河南交通职业技术学院	北京经济管理职业学院
三亚航空旅游职业学院	浙江交通职业技术学院	四川文化传媒职业学院
广州民航职业技术学院	新疆天山职业技术大学	济宁职业技术学院
浙江育英职业技术学院	正德职业技术学院	泉州海洋职业学院
西安航空职业技术学院	山东外贸职业学院	辽源职业技术学院
武汉职业技术学院	山东轻工职业学院	江海职业技术学院
武汉城市职业学院	三峡旅游职业技术学院	云南经济管理学院
江西青年职业学院	郑州大学	江苏航空职业技术学院
长沙航空职业技术学院	滨州学院	德州科技职业学院
成都航空职业技术学院	九江学院	河南工业贸易职业学院
上海民航职业技术学院	安阳学院	兰州航空职业技术学院
南京旅游职业学院	河南工学院	四川交通职业技术学院
西安交通大学	中国石油大学	烟台工程职业技术学院
三峡航空学院	厦门南洋职业学院	重庆第二师范学院
西安航空学院	广州市交通技师学院	南阳师范学院
北京理工大学	吉林经济管理干部学院	成都文理学院
北京城市学院	石家庄工程职业学院	郑州工商学院
烟台南山学院	陕西青年职业学院	云南旅游职业学院
青岛工学院	廊坊职业技术学院	武汉外语外事职业学院
西安航空职工大学	廊坊燕京职业技术学院	德阳川江机电职业学校
南通科技职业学院	秦皇岛职业技术学院	武汉外语外事职业学院
中国民航管理干部学院	广州珠江职业技术学院	湖北交通职业技术学院
郑州航空工业管理学院	广州涉外经济职业技术学院	

《空乘技能与管理》
编委会

主　编　郭雅萌
副主编　邬静媛　李启星　赵红倩　何　雨
参　编　刘晓坤　杨　琴　郭　菁　刘　欢
　　　　　　王　鑫　刘丽梅

前 言

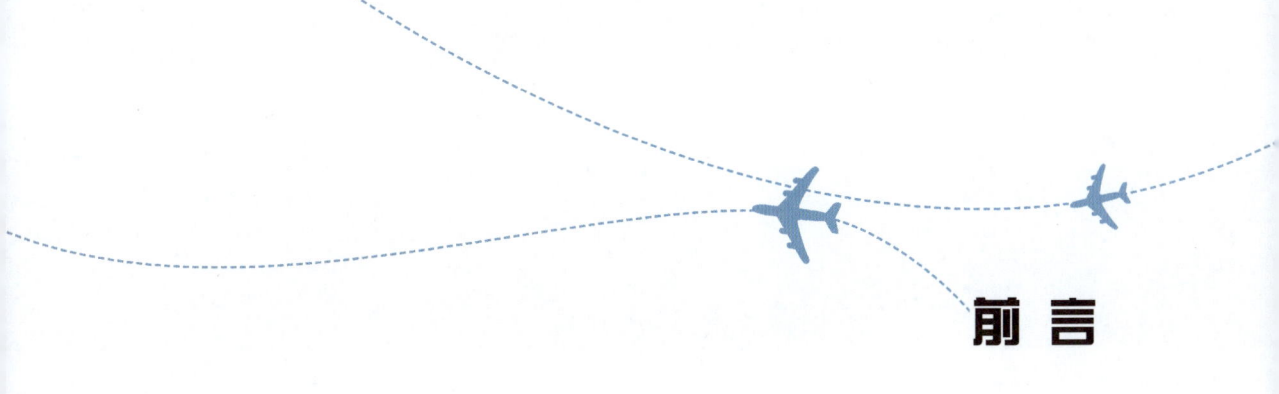

"空乘技能与管理"是空乘专业的一门核心专业课程，用于对客舱乘务员进行客舱服务的基础训练。本书按照学生的认知特点，采用递进与工作要求相结合的方式展开教学，以实际工作流程中从服务意识的树立（理论教学）到空乘工作四阶段（实践操作）来设计整个实践教学项目内容。本书以学生为主体，以理论为指导，以实训为载体，通过任务导向式教学模式，使学生能够掌握客舱服务技巧和相关理论知识，具备一名客舱乘务员的专业素质。

本书的编写人员均具有民航一线飞行经验和多年的教学经验，其中，主编郭雅萌主持国家级和省级精品在线开放课程，带领团队获得过省级教学成果奖，具有中国民航乘务教员、形象礼仪考评员等资质。此外，本书以国家级精品在线开放课程"乘务技能与管理"作为支撑，拥有完整的线上教学体系及教学资料。"乘务技能与管理"课程 2020 年被评为国家级精品在线开放课程，2022 年被评为职业教育国家在线精品课程。

本书由郭雅萌任主编，由邬静媛、李启星、赵红倩、何雨任副主编，刘晓坤、杨琴、郭菁、刘欢、王鑫、刘丽梅参编。郭雅萌负责编写大纲和统稿。本书得到了中国航空运输协会乘务考评员、北京华航航空服务有限公司高级教员王帅和海南航空公司资深客舱经理陶毅的大力支持与帮助，他们审读了全书并提出了宝贵的修改意见。

本书在编写过程中得到了江西航空有限公司、海南航空股份有限公司、中国东方航空集团有限公司、江西青年职业学院、江西艺术职业学院、天津中德应用技术大学、上饶职业技术学院、江西航空职业技术学院、江西科技职业学院的大力支持与帮助，在此表示衷心感谢！

如需要教学资源，请和作者联系，邮箱：228651816@qq.com。

郭雅萌

目 录

项目一　空乘服务概述 ………………………………………………………………… 1
　任务一　空中乘务员的职业认知 ………………………………………………… 1
　　一、服务与客舱服务的定义 ……………………………………………………… 2
　　二、服务的特性 …………………………………………………………………… 4
　　三、服务的要素 …………………………………………………………………… 4
　　课后习题 …………………………………………………………………………… 7
　任务二　空中乘务员的专业术语 ………………………………………………… 7
　　一、空中乘务员常用中文专业术语 ……………………………………………… 8
　　二、空中乘务员常用英文代码 …………………………………………………… 9
　　三、部分专业词汇的中英文对照 ………………………………………………… 10
　　课后习题 …………………………………………………………………………… 11
　任务三　乘务员的号位分工及工作职责 ………………………………………… 11
　　一、乘务员的职责 ………………………………………………………………… 12
　　二、各号位乘务员的岗位职责 …………………………………………………… 14
　　课后习题 …………………………………………………………………………… 17
　项目小结 …………………………………………………………………………… 18

项目二　乘务员专业化形象 …………………………………………………………… 19
　任务一　专业化形象——妆容 …………………………………………………… 19
　　一、客舱乘务员的发型 …………………………………………………………… 19
　　二、客舱乘务员的面部护理 ……………………………………………………… 21
　　三、客舱乘务员的手部及颈部护理 ……………………………………………… 24
　　课后习题 …………………………………………………………………………… 25
　任务二　专业化形象——仪表 …………………………………………………… 25
　　一、客舱乘务员的着装 …………………………………………………………… 26
　　二、客舱乘务员的配饰 …………………………………………………………… 28
　　课后习题 …………………………………………………………………………… 31

任务三 专业化形象——仪态 ·· 32
    一、客舱乘务员的表情 ··· 33
    二、客舱乘务员的仪态 ··· 35
    课后练习 ·· 48
  项目小结 ·· 48
项目三 客舱设备应用 ·· 49
  任务一 舱门操作 ·· 49
    一、B737-800 机型舱门 ··· 49
    二、A320 机型舱门 ··· 55
    三、ARJ21 机型舱门 ··· 59
    课后习题 ·· 62
  任务二 机上厨房设备 ·· 62
    一、厨房控制面板 ··· 63
    二、烤箱 ·· 64
    三、热水器 ·· 66
    四、烧水杯 ·· 67
    五、咖啡机 ·· 68
    六、冷水管和集水槽 ··· 69
    七、厨房供水关断阀门 ··· 69
    八、餐车 ·· 69
    九、储物格 ·· 72
    十、厨房电源插座 ··· 74
    十一、乘务员座椅 ··· 74
    十二、垃圾箱 ·· 75
    课后习题 ·· 75
  任务三 灯光、通信系统及旅客服务系统 ·· 76
    一、乘务员控制面板及灯光调控 ··· 76
    二、通信系统 ·· 80
    三、旅客服务系统 ··· 81
    课后习题 ·· 85
  任务四 音频及视频系统 ·· 85
    一、音频设备 ·· 86
    二、视频设备 ·· 86
    课后习题 ·· 88
  项目小结 ·· 89
项目四 普通舱服务 ·· 90
  任务一 预先准备阶段 ·· 90

一、网上准备 ·· 90
　　二、个人准备 ·· 91
　　三、乘务准备会 ·· 92
　　四、机组协同会 ·· 93
　　课后习题 ·· 93
任务二　直接准备阶段 ··· 93
　　一、准备和清舱 ·· 94
　　二、设备检查 ·· 95
　　三、各号位的客舱检查 ··· 96
　　四、航前清舱检查 ·· 97
　　课后习题 ·· 98
任务三　空中实施阶段——安全演示 ······································ 98
　　一、救生衣 ·· 99
　　二、其他救生设备、设施 ··· 100
　　三、安全演示 ·· 101
　　课后习题 ·· 104
任务四　空中实施阶段——技能实训 ···································· 104
　　一、托盘的使用 ·· 105
　　二、报纸、杂志的发放 ··· 105
　　三、毛毯、餐车的使用方法 ··· 107
　　课后习题 ·· 108
任务五　空中实施阶段——餐饮服务 ···································· 108
　　一、餐饮服务的意义 ··· 110
　　二、经济舱餐饮介绍 ··· 110
　　三、经济舱餐饮服务 ··· 111
　　四、餐具回收与客舱整理 ··· 113
　　课后习题 ·· 114
任务六　航后讲评阶段 ··· 114
　　一、航后讲评的重要性 ··· 114
　　二、航后讲评的内容 ··· 115
　　课后习题 ·· 115
项目小结 ·· 116
项目五　两舱服务 ··· 117
任务一　葡萄酒服务 ··· 117
　　一、葡萄酒的基础知识 ··· 117
　　二、葡萄酒的酒标 ··· 119
　　三、葡萄酒的开瓶步骤 ··· 120

四、葡萄酒的侍酒流程 120
　　五、香槟酒 121
　　课后习题 122
任务二　洋酒及鸡尾酒服务 123
　　一、常见的洋酒 123
　　二、调制鸡尾酒 126
　　课后习题 129
任务三　热饮服务 129
　　一、飞机上的茶品服务 130
　　二、飞机上的咖啡服务 136
　　课后习题 138
任务四　F舱餐饮服务 138
　　课后习题 145
项目小结 145

项目六　特殊情况处置 146

任务一　特殊旅客 146
　　一、特殊旅客 147
　　二、特殊旅客服务要点 149
　　课后习题 158
任务二　特殊餐食 158
　　一、特殊餐食的种类 159
　　二、特殊餐食的提供标准 160
　　三、面对有特殊餐食需求的旅客 161
　　课后习题 161
任务三　机上特情处置 161
　　一、一般服务特情处置 162
　　二、一般服务特情处置原则 165
　　三、扰乱行为处置 165
　　四、扰乱行为处置原则 166
　　课后习题 166
任务四　机上急救 166
　　一、机上急救基础知识 167
　　二、机上常见病处置 169
　　课后习题 182
项目小结 183

项目七　其他机上项目应用 184

任务一　机上旅客沟通 184

一、机上沟通的基本原则 ·· 184
　　二、旅客的心理需求 ·· 185
　　三、机上有效沟通的技巧 ·· 185
　　四、机上服务的基本用语 ·· 186
　　课后习题 ·· 187
任务二　机上销售 ·· 187
　　一、机上销售概述 ·· 188
　　二、机上销售技巧和机上销售基本流程 ···································· 189
　　课后习题 ·· 190
任务三　机上其他活动 ·· 191
　　一、机上活动 ·· 191
　　二、机上活动开展流程和注意事项 ·· 192
　　课后习题 ·· 193
任务四　颠簸处置流程 ·· 193
　　一、颠簸的特点 ·· 194
　　二、颠簸的处置措施 ·· 196
　　三、各类颠簸的处置流程 ·· 197
　　课后习题 ·· 198
任务五　机上广播词 ·· 198
　　一、机上广播的要求和技巧 ·· 199
　　二、机上常用的广播词 ·· 199
　　课后习题 ·· 202
项目小结 ·· 202

项目一　空乘服务概述

任务一　空中乘务员的职业认知

知识目标

（1）了解客舱服务的定义、特性和要素；
（2）掌握一定的客舱服务理论基础。

技能目标

（1）掌握服务的基本技巧和服务规范；
（2）具备紧急情况的应变和处置能力。

素质目标

（1）树立民航精神，提升客舱服务工作的责任感；
（2）具备旅客至上的主动服务意识。

案例导入

昆明航空春运暖冬行动，用爱温暖特殊旅客的回家路

新春伊始，万象更新，春运正在如火如荼地进行中。昆明航空发起春运暖冬行动，创新服务举措，开展"特殊关怀·愉悦同行"主题航班，通过机上活动、免费发放特殊旅客关怀手册为旅客们普及特殊旅客乘机知识，同时为特殊旅客提供爱心餐食、全程陪护、暖心物资等一站式爱心乘机服务，切切实实温暖了特殊旅客的春运回家路。

除了机上活动及发放关怀手册，昆明航空还在春运期间为老人、婴儿、孕妇、儿童等特殊旅客提供一站式爱心乘机服务，具体包括：（1）爱心陪护——行动不便同时对乘机流程不了解的特殊旅客，可致电预约爱心陪护服务，昆明航空的地服工作人员将提供全程的乘机引导；（2）爱心餐盒——从昆明出港的特殊旅客，可到昆明航空的贵宾厅领取特殊旅客爱心餐盒，内含水果点心；（3）爱心靠枕——昆明航空的部分航线上可为孕妇、老人等特殊旅客提供爱心靠枕，避免久坐腰痛；（4）一次性吸管——乘务员可为儿童、老人等特殊旅客提供一次性吸管，避免颠簸导致热水溢出烫伤；（5）老花镜——乘务员可为老年旅客提供老花镜；（6）儿童画板及儿童玩具——部分航班配备了儿童玩具及画板，可供儿童旅客使用；（7）一次性耳塞——旅客在机上认为环境吵闹，乘务员可提供一次性耳塞；（8）优先发餐——在配备餐食的航班上，乘务员将优先为儿童、老年旅客发餐，保证足够的用餐时间。

特殊旅客因身体、年龄等原因，在乘坐飞机时有着特殊需求，更需要特别关爱。春运期间，昆明航空竭尽全力，用热心、爱心、耐心、真心守护每位特殊旅客的旅程，保

障每位特殊旅客的出行。

一、服务与客舱服务的定义

1. 服务的一般定义

1960 年，美国市场营销协会（American Marketing Association，AMA）最先定义了服务一词，并且在很长一段时期内被学者们普遍采用，其内容是：服务是一种经济活动，是消费者从有偿的活动或从所购买的相关产品中得到的利益和满足感。但这个定义未能把有形产品和无形服务相区分，因为有形产品也是用于出售并使消费者获得利益和满足感的。

1984 年，美国市场营销协会对以上定义进行了修改：服务是可被区分界定的，主要为不可感知却可使欲望得到满足的活动，而这种活动并不需要与其他产品或服务的出售联系在一起。

"服务营销理论之父"克里斯廷·格罗鲁斯给服务下的定义是：服务是由一系列或多或少具有无形特征的活动所构成的一种过程，这种过程是在顾客与员工、有形资源的互动关系中进行的，这些有形资源（有形产品或有形系统）是作为顾客问题的解决方案提供给顾客的。

西南财经大学的张宁俊教授给服务下的定义是：服务是一种提供时间、空间和形式效用的经济活动、过程和表现，它发生于与服务人员和有形资源的相互作用中，但不产生所有权的转移，直接或间接地使服务接受者或拥有的物品形态发生变化。

2. 服务的具体定义

SERVICE 是服务的英文，它包含了服务的具体定义。

（1）S—Smile for every one：微笑待客。

（2）E—Excellence in everything you do：精通业务。

（3）R—Reaching out to every customer with hospitality：态度友善。

（4）V—Viewing every customer as special：贵宾礼遇。

（5）I—Inviting your customer to return：欢迎再来。

（6）C—Creating a warm atmosphere：温馨环境。

（7）E—Eye contact that shows we care：眼到心到。

综合以上对服务的描述可知，顾客既是服务的接受者，同时也是服务的共同生产者。其中，服务的共同生产者是指服务产品是在服务者与被服务者二者相互作用的过程中形成的。

3. 客舱服务

1）客舱服务的定义

从狭义角度看，客舱服务是按照民航服务的内容、规范和要求，以满足旅客需求为目标，为旅客提供相应服务的过程，是旅客在享受航空公司服务过程中的体验。

从广义角度看，客舱服务是以客舱为服务场所，以个人的影响力与展示性为特征，将有形的技术服务与无形的情感传递融为一体的综合性活动。这种理解，既强调了客舱服务的技术性，又强调了客舱服务过程中不可或缺的情感表达。

2）客舱服务与服务文化

随着时代的发展和航空运输中旅客需求的不断提升，优质的客舱服务在规范化和科学化管理的基础上，形成了旅客航空运输中的服务传统，包括个性化和特色化，使优质的客舱服务发展成客舱文化。例如，2021年，厦门航空获评"内地服务最佳航空公司"，综合得分4.06，比行业平均水平高5.18%，其中地面综合得分和机上综合得分连续17个季度排名第一，值机与离港、空乘服务、机上广播、机上餐饮4个单项排名第一，这已是厦门航空连续35个季度获评"内地服务最佳航空公司"了。从本次服务测评结果来看，厦门航空在传统的软性服务上依旧保持极高的旅客认可度。

3）客舱服务与一般服务的差异

（1）安全责任重大。

由于航空运输的特殊性决定了航空企业的安全责任，因此确保客舱安全是航空运输的基本内容。驾驶舱的机组成员操控飞机，直接掌握飞行安全的生命线，而乘务组的首要职责就是确保客舱在飞行过程中的安全，也是所有客舱服务的基本要求。

（2）服务环境特殊。

由于客舱环境有设施功能特殊、服务环境相对狭小，并且还会受飞行状态和旅客情绪影响等特点，因此要求乘务员能够有适应特殊环境的能力。

（3）规范性强。

客舱服务既要达到国家规定的服务标准，又必须达到民航对安全运行的要求。例如，为旅客提供饮料时的标准。一般情况下，倒饮料7～8成满，这不仅是礼仪要求，更是安全要求。倒热饮时如发生颠簸，要严格遵守5成满的标准，以防止因颠簸造成倾翻或烫伤。客舱服务的规范性是飞行安全的重要构成因素之一，而飞行安全是民航工作的重中之重，牵系着旅客的生命、企业的生存及国家的形象和声誉。

（4）注重个性化服务。

客舱拥有不同层次的旅客，既有经常乘坐飞机的商务旅客，又有初次或偶尔乘机的团队旅客，其实客舱就是一个小社会。乘务员应该为不同层次、不同地区、不同国籍的旅客提供个性化的服务。例如，为两舱旅客服务时应更注重服务细节，如动作轻柔、沟通适时、服务"零打扰"；而为团队旅客服务时应注重他们的乘机兴趣，如向旅客介绍飞机机型、空中沿途风景等。这些个性化服务是提升服务品质的关键。

（5）需要处置突发情况。

飞机在高空飞行时，能借助的资源较少，一旦发生紧急情况，更需要乘务员的应变能力和处置能力。例如，在旅客突发急病时，乘务员的角色就是医生、就是护士。除给他们必要的安慰外，最重要的就是对旅客实施急救，想尽一切方法来挽救旅客的生命，减轻旅客的痛苦。如果孕妇在机上分娩，乘务员就必须在有限的空间和时间、简单的设备及机上没有医生的情况下，尽一切可能帮助产妇，以确保产妇和婴儿的平安。

综上所述，客舱服务要求乘务员具备较高的综合素质。除要具备一般服务行业所需的服务意识、专业知识和服务技巧外，还要具备稳定的心理素质及遇到突发情况时的处置能力和特殊技能，以实现航班的安全运行。

二、服务的特性

服务的特性包含无形性、差异性、不可分离性和不可储存性等特性。

1. 无形性

服务在很大程度上是无形的和抽象的。消费者购买的服务存在一定的风险，因为结果是无法预知和感觉的。例如，为了降低风险，搭乘航班的旅客往往会根据航空公司的宣传承诺、网络评价和亲朋好友的消费经验等相关信息来选择航空公司。

2. 差异性

服务的差异性体现在以下两个方面。

（1）受服务人员的影响。服务人员所受教育、个人性格、人生态度及当时的身体状况、情绪等差异，都会导致提供的服务品质可能不会始终如一。

（2）受被服务对象的经验和习惯的影响，此外消费者对相同服务的价值评价标准也会不同。例如，乘务员在为年长旅客服务时，往往会主动上前搀扶，而那些不服老的年长旅客并不接受这项服务。

3. 不可分离性

服务的提供（生产）与消费同时进行，通常消费者参与这一过程。例如，航空客运服务产品，其服务的生产过程与消费过程是同时进行的，也就是说乘务员提供服务给旅客时，就正是旅客消费服务的时刻，两者在时间上不可分离。并且，旅客只有参与服务的生产过程才能最终消费服务。

4. 不可储存性

服务过程是一个消费过程，具有不可储存性。例如，航空公司提供给旅客的客运服务产品并不能根据旅客的数量进行储存。客运服务产品的不可分性决定了运力不可储存，旅客一进入客运服务系统，客运服务产品就开始生产；旅客一离开客运服务系统，客运服务产品就被消费完毕。

三、服务的要素

美国社会学家丹尼尔·贝尔说："服务是人与人之间的游戏，这个游戏你能否用好，取决于你对服务的理解深度。"

1. 服务意识

服务意识是企业员工在与企业利益相关的人或在企业的交往中所体现的为其提供热情、周到、主动服务的欲望和意识，即自觉主动做好服务工作的一种观念和愿望，它发自员工的内心。

常见的服务意识包括以下6种。

（1）消费者的对与错并不重要，重要的是他们的感觉。

（2）好的感受来自好的态度。

（3）满足消费者的需要是工作的目标。

（4）让消费者满意是服务的宗旨。

（5）用心服务消费者是职业的升华。

（6）永远比消费者想得多一些。

2. 规范标准

规范标准又称标准化服务，标准可以由国家主管部门制定，也可以由行业协会和企业制定。制定并发布的某项服务（工作）应达到的统一标准，要求从事该项服务（工作）的人员必须在规定的时间内按标准进行服务（工作）。包括操作规范、仪容仪表、行为举止、服务用语、时间限制等。以下是对客舱服务中相关规范标准的介绍。

1）操作规范

（1）拿水杯时，应四指并拢，握于杯身底部 1/3 处，小指可托于杯底，不能用手拿水杯的口部或底部（见图 1-1）。

图 1-1 饮料服务

（2）纸杯主要提供冷饮和热饮服务，塑料杯主要提供酒类服务。

（3）开启瓶装碳酸饮料时，缓慢拧开瓶盖，防止喷溅。

（4）送出水杯时应握住水杯中下部，不应触碰杯口，递送热饮时避免与旅客"手对手"交接。

（5）为小孩提供饮料时，冷饮倒 5 成，热饮征求监护人的意见，放于监护人处。

2）仪容仪表

（1）上岗前着统一制服，制服保持整洁。

（2）佩戴名牌或胸卡。

（3）头发清洁，女性刘海不能遮眉，长发束起；男性头发前不遮眉，后不压领，鬓角不盖耳。

（4）上班需要化淡妆，并及时补妆。

3）行为举止

（1）双手为他人递送物品。

（2）打喷嚏、咳嗽应将头转开或低下，并说对不起。

（3）不可在旅客面前掏耳朵、搔痒、脱鞋、卷裤脚衣袖、伸懒腰、哼小调、打哈欠（见图 1-2）。

（4）提供服务时应面带微笑，和颜悦色，给人亲切感；谈话时应聚精会神，注意倾听，给人以尊重。

（5）对于容貌体态奇特或奇异服装的旅客切忌交头接耳或指手画脚，不许背后议论、模仿、讥笑。

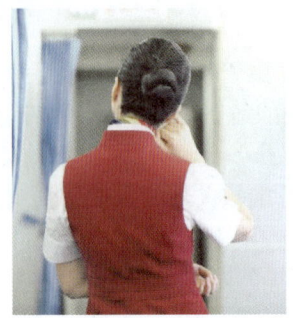

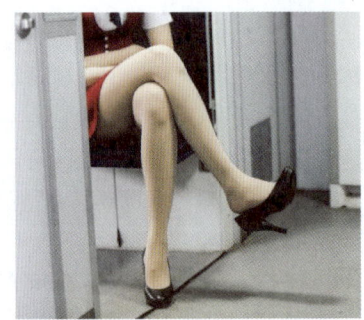

图 1-2　错误行为举止

4）服务用语

乘务员与旅客交流使用的职业用语应通俗易懂，乘务员应用简洁规范的语言提供耐心、细心的服务。

（1）常用的礼貌称呼：小姐、先生、女士、叔叔、阿姨、老大爷等。

（2）问候用语：您好、早上好、下午好、晚上好、欢迎登机等。

（3）常用的服务用语：

请问，您需要毛毯吗？

您好女士，我能看看您的登机牌吗？

不好意思，让您久等了。

洗手间现在有人，请您稍后。

好的，请稍等，马上给您拿来。

请稍等，我帮您询问一下。

对不起，我可以收拾小桌板吗？

很抱歉，航班由于天气原因延误了，我们会及时为您提供最新信息。

对不起，是我弄错了，我立刻给您找一份。

（4）帮助旅客解决问题时的常用服务语：

您看这样……好不好？

如有您遗失物品的消息，我们会在第一时间通知您。

不好意思，您的要求可能超出我们的权限，我们愿意与航空公司再次沟通。

对不起，您的行李未能同机到达，我们感到非常抱歉。

（5）告别语：再见、晚安、祝您一路平安、感谢您乘坐本次航班、希望再次见到您。

（6）道歉语：对不起、请原谅、打扰了、失礼了等。

（7）道谢语：谢谢、非常感谢等。

（8）应答语：是的、好的、我明白了、不客气、没关系、这是我应该做的等。

（9）基本礼貌用语（10个字）：您好、请、谢谢、对不起、再见。

5）时间限制

有一些规范标准是可以被量化的。例如，在时间上的要求，根据 GB/T 16177—2007《公共航空运输服务质量标准》要求，第一件行李应在飞机抵达停机位后 20 分钟内交付旅客，全部行李应在 1 小时内交付完毕。

3. 服务技巧

是否能够正确巧妙地运用服务技巧直接决定了服务的质量及旅客的满意度。服务技巧可以分为以下 4 个等级。

（1）初级：态度、质量、效率。
（2）中级：标准、规范、细化。
（3）高级：主动、亲切、延伸。
（4）超级：个性、差异、超值。

这 4 个等级由低到高、由浅入深、混合交叉、互为关联。只有采用不同的服务技巧（如用心观察、善于聆听、热情微笑等），因人而异，灵活运用，才可以达到旅客满意的服务效果。

课后习题

1. 填空题

（1）客舱服务是按照民航服务的内容、规范和要求，以满足_____为目标，为旅客提供相应服务的过程，是旅客在享受航空公司服务过程中的体验。

（2）规范标准又称_____服务，它是国家或企业发布的某项服务（工作）应达到的统一标准，要求从事该项服务（工作）的人员必须在规定的时间内按标准进行服务（工作）。包括_____、_____、_____、_____、_____等。

2. 简答题

（1）客舱服务与一般服务的差异体现在哪些方面？
（2）服务的要素包括哪 3 个部分？

任务二　空中乘务员的专业术语

知识目标

掌握空中乘务员专业术语的含义。

技能目标

（1）能够有效地将专业术语运用于客舱服务工作中；
（2）能够正确使用专业术语以提高服务品质及服务效率。

素质目标

（1）具备民航服务的专业素养；
（2）提升职业的自豪感。

为保障航班的高质量运行和服务质量的标准化、统一化，民航系统使用了一套统一的专业术语进行各个部门、各个流程的对接，因此，空中乘务员对专业术语的掌握程度能侧面体现出空中乘务员的业务能力。

一、空中乘务员常用中文专业术语

（1）局方：局方是指民航局和民航地区管理局及其派出的机构，负责对大型飞机公共航空运输承运人的合格审定及监督管理。

（2）运营人：全称"公共航空运输承运人"，又称"合格证持有人"，是指依法设立、获得所属国家资质认可、通过局方运行审核的航空运营人或航空公司。

（3）机组成员：指飞行期间在航空器上执行任务的航空人员，包括飞行机组成员和客舱乘务员。

（4）机长：指由运营人指定的，在飞行时间内对航空器的运行和安全负最终责任的驾驶员。

（5）客舱乘务教员：指满足相应经历要求，在航空公司经批准的训练大纲中承担客舱安全训练与教学任务的人员。

（6）客舱乘务检查员：指满足相应经历要求，经局方认可的，在航空公司经批准的训练大纲中履行航空公司客舱安全资格检查职责的航空检查人员。

（7）值勤期：指机组成员在接受合格证持有人安排的飞行任务后，从为了完成该次任务到指定地点报到时刻开始到解除任务为止的连续时间段。

（8）任务：航班计划。

（9）任务书：全称《乘务飞行任务书》，涵盖内容包括飞行机长、乘务组人员及等级、航班情况及人员变更情况等。

（10）签到：起飞前在规定的时间内到航班调度部门在乘务员所执行的航班上签名或在电脑上确认。

（11）准备会：飞行前按规定的时间参加由带班乘务长组织的航前乘务组会，主要内容包括复习航线机型知识、分工、了解业务通知、制定服务方案和客舱安全紧急脱离预案。

（12）机组会：飞行前一天由机长召集，机组成员及带班乘务长参加会议。主要内容包括汇报各工种准备情况，听取机长的有关要求等。

（13）供应品：为旅客和机组配备的航班上需要的物品的总称。

（14）回收：将机上剩余的供应品等清点后放入规定餐箱、餐车内，铅封并填好回收单的工作过程。

（15）操作分离器：将飞机客舱门紧急滑梯的手柄移动到自动（预位）或人工（解除）位置的过程。

（16）机上值班：长航线餐饮服务后，为保持乘务员的精力和体力而采取的轮换工作制度。

（17）安全检查：飞机在起飞、下降、着陆、颠簸或紧急情况下，确认旅客及各种设施符合安全规定而进行的检查。内容包括：

紧急出口、走廊、厕所无障碍物；

小桌板靠背在正常位置；

行李架关好扣牢；

厨房内所有物品固定好；

拉好窗帘并固定好；

系好安全带；

禁止吸烟；

禁止使用对无线导航设备有影响的电子设备。

（18）巡视客舱：乘务员在客舱走动，观察旅客需求、安全状况，处理特殊情况，提供及时、周到的服务行为。

（19）清舱：旅客登机前，安全员或乘务员检查机上所有部位，确保机上无外来人、外来物。

（20）关封：海关官员使用的公文。常用信封封好后，在航班起飞前交给乘务长，由乘务长在到达站后转交海关官员。

（21）旅客名单：写有旅客姓名、目的地、座位号等内容的单子，通常由商务部门在飞机起飞前同业务袋一起送上飞机。

（22）核销单：机上免税品出售后填写的表格，用于海关核销进口免税品。

（23）特殊餐：有特殊要求的餐食，如婴儿餐、犹太餐、清真餐、素食等。

（24）预先准备：空中服务的4个阶段之一，指执行任务前至登机阶段的各项准备工作。

（25）直接准备：空中服务的4个阶段之一，指乘务员登机后至旅客登机前的准备工作。

（26）空中实施：空中服务的4个阶段之一，指飞机开始滑行起飞至下机前所有的服务工作。

（27）航后讲评：空中服务的4个阶段之一，指完成航班任务后的工作讲评。

（28）航线图：标明飞机飞行航线、距离及地点的图示。

（29）航班：在规定的航线上，使用规定的机型，按规定的日期、时刻表进行的运输飞行。

（30）载重平衡表：载重平衡表是航班载运旅客、行李、邮件、货物和集装设备重量的记录，它是运输服务部门和机组之间、航线各站之间交接载量的凭证，也是统计实际发运量的根据，它记载着飞机的各种重量数据。

（31）载重平衡图：载重平衡图是以空机重心指数作为计算起点确定飞机的起飞重心位置后，根据飞机起飞重心位置的要求绘制的旅客座位和各货舱的载货情况图。

（32）随机业务文件袋：总申报单、旅客舱单、载重平衡图、货运单及邮件路单等业务文件。

二、空中乘务员常用英文代码

（1）F舱（First Class）：头等舱。

（2）C舱（Business Class）：公务舱。

（3）Y舱（Economy Class）：经济舱。

（4）CP（Chief Purser）：主任乘务长。

（5）PS（Purser）：乘务长。

（6）FS（First Class Attendant）：头等舱乘务员。

（7）CS（Business Class Attendant）：公务舱乘务员。

（8）SS（Flight Attendant）：普通舱乘务员。

（9）VIP（Very Important Person）：重要旅客、政府要员、外交使节、部级以上领导、

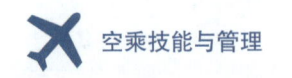

航空公司认可的要客。

（10）VVIP（Very Very Important Person）：非常重要的旅客、国家元首、享受专机待遇的要客。

（11）CIP（Commercial Important Person）：商务要客（礼遇旅客）。

（12）PAX（Passengers）：旅客。

（13）UM（Unaccompanied Minors）：无成人陪伴儿童。

三、部分专业词汇的中英文对照

中文	英文
CA 标准	CA STANDARD
ATLAS 标准	ATLAS STANDARD
整餐车	FULL MEAL CART
整饮料车	FULL BEVERAGE CART
整用具车	FULL APPLIANCE CART
整供应品车	FULL SUPPLY CART
整酒车	FULL ALCOHOL CART
半饮料车	HALF BEVERAGE CART
半用具车	HALF APPLIANCE CART
半供应品车	HALF SUPPLY CART
半酒车	HALF ALCOHOL CART
钢烤炉架	STEEL OVEN RACK
铝餐箱	ALUMINUMS FOOD BOX
塑料抽屉	PLASTIC DRAWER
铝抽屉	ALUMINUMS DRAWER
塑料大杯托	PLASTIC CUP TRAY
塑料杯隔	PLASTIC CUP TRAY WITH PARTITION
瓷分餐盘	CHINA PLATE
瓷冷荤盘	CHINA COLD MEAT OR FISH PLATE
瓷面包盘	CHINA BREAD PLATE
瓷热食烤盘	CHINA CASSEROLE
瓷沙拉碗	CHINA BOWL
瓷黄油碗	CHINA BUTTER DISH
瓷茶壶	CHINA TEA POT
瓷咖啡壶	CHINA COFFEE POT
瓷茶杯	CHINA TEA CUP
瓷咖啡杯	CHINA COFFEE CUP
瓷茶杯/咖啡杯杯碟	CHINA TEA/COFFEE SAUCER
瓷汤碗碟	CHINA SOUP BOWL SAUCER
瓷汤碗盖	CHINA SOUP BOWL WITH COVER
瓷大汤碗	CHINA LARGE SOUP BOWL
瓷小调羹	PORCELAIN SMALL SPOON

瓷汤勺	POTCELAIN SOUP SCOOP
瓷奶盅	PORCELAIN MILK HANDLESS CUP
玻璃葡萄酒杯	WINE GLASS
玻璃香槟酒杯	CHAMPAGNE FLUTE
玻璃白兰地酒桶	BRANDY GOBLET
玻璃饮料杯	BEVERAGE CUP
玻璃沙拉碗	GLASS SALAD BOWL
不锈钢齿刀	STEEL KNIFE
不锈钢叉	STEEL FORK
不锈钢勺	STEEL SCOOP
不锈钢咖啡勺	STEEL COFFEE SCOOP
大纸餐盒	BIG PAPER MEAL BOX
小纸餐盒	SMALL PAPER MEAL BOX
大防滑纸	BIG PREVENTABLE SKID PAPER
小防滑纸	SMALL PREVENTABLE SKID PAPER

课后习题

1. 填空题

（1）机组成员指飞行期间在航空器上执行任务的航空人员，包括_____和_____。

（2）任务书全称_____，涵盖内容包括_____、_____、_____及_____。

2. 简答题

（1）空中服务分为哪 4 个阶段？主要工作内容是什么？

（2）PAX/UM/VIP/VVIP/CIP 分别代表什么旅客？

任务三　乘务员的号位分工及工作职责

知识目标

了解不同号位乘务员的工作职责及工作流程。

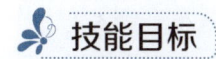

技能目标

熟练掌握各号位乘务员的工作内容、流程及具体要求，明确岗位职责。

素质目标

（1）具备团队协作的意识和能力；

（2）具备一定的责任意识，能够在客舱服务中使用所学技能，通过协作配合完成训练目标。

案例导入

河北航空开展"空中茶语"主题茶文化培训

河北航空有限公司为进一步落实"乐享河北,文化河航"服务品牌发展战略,深挖"冀鹰示范"品牌文化,丰富机上服务内涵,空中乘务部于 2020 年 7 月 13 日和 9 月 28 日开展了两期特色茶文化培训,从不同茶品的识别、冲泡、品饮等角度,带领"冀鹰示范"组成员感受茶文化魅力,掌握茶艺技能。

航空公司服务品牌的树立及良好的业界口碑直接受客舱服务品质的影响,要给旅客提供良好的乘机体验和轻松愉悦的客舱环境,就需要乘务组内职责的清晰划分,各号位间的默契配合、服务标准的高度统一及工作流程的有条不紊。

一、乘务员的职责

1. 客舱乘务员的职责

(1)检查落实本岗位内应急设备和服务设备处于良好或待用状态。

(2)按照分工负责本区域旅客的服务和安全工作(见图 1-3)。

图 1-3 旅客服务

(3)依据本公司服务程序开展工作并了解本区域旅客的特殊要求,有针对地做好服务工作。

(4)负责本区域客舱、厕所卫生的检查,厕所物品的添置,空中厕所卫生的清洁,书报杂志的摆放、整理、发送。

(5)主动与旅客沟通,介绍相关知识,耐心回答旅客问询。

(6)与其他乘务员做好配合,及时发现并处理客舱中的各类问题,报告带班乘务长,保证通信畅通。

(7)负责机上免税品的销售工作。

(8)负责保管、交还旅客物品及落地后的客舱检查。

(9)做好衔接航班的交接工作。

2. 厨房乘务员的职责

(1)检查落实本岗位内应急设备和服务设备处于良好或待用状态。

(2)负责食品、供应品数量和质量的检查。

（3）按规定操作、使用厨房服务设备和应急设备。
（4）起飞、落地关闭厨房电源，固定好厨房用品。
（5）按规定做好餐饮服务的各项准备工作。
（6）按服务计划根据旅客情况合理使用供应品。
（7）确保厨房、服务用具的卫生、整洁，各种物品摆放整齐美观。
（8）在做好厨房工作的同时，与客舱乘务员做好配合，共同完成客舱服务工作。
（9）做好交接与回收工作。

3. F/C 舱乘务员的职责

除履行客舱乘务员和厨房乘务员的职责外，还应履行：
（1）检查每个座位的服务系统，操作银幕板或小银幕。
（2）为旅客提供姓氏服务。
（3）负责用具、礼品、鲜花及酒类的接收和摆放工作。
（4）保证 F/C 舱旅客免税品的优先选择。
（5）为旅客提供个性化服务。
（6）营造安静、优雅的客舱环境。

4. 区域乘务长的职责

（1）在主任乘务长的领导下开展工作，协助主任乘务长处理客舱安全和机上服务有关事宜。
（2）在服务工作中，除履行本区域的工作职责外还应对所管辖区域的客舱安全及服务工作进行全面管理，督促该区域乘务员做好服务工作，并将有关事宜及时向主任乘务长汇报。
（3）协助主任乘务长做好对组员的考评、驻外管理及业务学习等工作。
（4）及时向主任乘务长反映各种信息，提出合理化建议。
（5）做好乘务员的传、帮、带工作。
（6）负责机上娱乐系统的正确操作。
（7）负责机上卫生物品的接收和管理。

5. 带班乘务长的职责

（1）在执行航班任务中，带班乘务长应认真执行《民用航空法》及 CCAR121FS 中的有关规定全程监控服务工作和客舱安全，确保国家财产和旅客的安全。
（2）带班乘务长在航班任务中隶属机长领导，应协助机长保证旅客、客舱、货物、飞机在正常和应急情况下的安全。
（3）维护公司利益，有权处理机上服务及客舱安全的各种事宜。
（4）检查地面准备工作，妥善处理好与相关部门的关系，以保证航班的准点率。
（5）负责机上乘客的安全，有权要求旅客严格执行相关的安全规则，遇到特殊、紧急情况时应及时报告机长，并在机长的指示下，指挥乘务员充分利用机上应急设备，以保证旅客的安全。应急情况下负责广播（见图 1-4）。
（6）负责对乘务工作的组织协调和管理，督促乘务员按照规定做好服务工作，及时妥善处理旅客投诉等各种事宜，确保优质服务及客舱安全。

（7）认真学习、理解和传达有关服务的规章和业务信息，善于观察总结服务工作经验，能及时反馈各种信息，提出合理化建议。

（8）认真核实签收文件，负责有关物品的交接，妥善处理与飞行组、地面各部门的关系。

（9）认真填写"乘务日志""客舱记录本""问题反映单""重大事件报告单"等单据（见图1-5）。

图1-4　带班乘务长广播　　　　　　图1-5　填写单据

（10）有权依据航班的实际情况更改服务计划，合理调整乘务员的工作区域。

（11）掌握组员的思想动态、业务能力，有计划地对组员进行培养和考评，对组员的晋级有建议权。

6. 广播员的职责

（1）登机后，检查并落实广播器处于良好状态并调试音量，能正确使用广播设备。

（2）按本公司规定的广播内容，准确、适时向旅客进行中文和外文的广播。

（3）遇有航班延误、颠簸等特殊情况时，应及时用中文和外文广播通知旅客。

（4）广播时，要亲切、热情，发音要准确、清晰，语调要柔和，语速、音量要适中。

7. 消防员的职责

消防员在执行任务时除应履行本区域的消防职责外，还应在机长的指挥下负责机上的消防灭火工作。

（1）消防员必须熟悉主货舱灭火设备、内话机系统、紧急设备的位置及操作使用方法，并佩戴主货舱隔烟门的钥匙。

（2）起飞前检查主货舱内的应急设备、行李等有无松散。如果不符合要求，那么应立即报告机长及时纠正。

（3）飞行中，检查主货舱区域的时间不得少于30分钟。

（4）发现烟或火后，要立即报告机长，并按灭火程序灭火。

（5）如果火已扑灭，但客舱或主货舱有烟，那么应在机长的指挥下排烟。

二、各号位乘务员的岗位职责

国内的航空公司根据机型的不同会给每次航班配备4～5名客舱乘务员，分别称为四人制乘务组和五人制乘务组，本书以"1+X"考证为例，介绍各号位乘务员的岗位职责。

1. 四人制乘务组

如表1-1所示是单通道飞机四人制乘务组的岗位工作表。

表1-1 单通道飞机四人制乘务组的岗位工作表

工作阶段	工作内容	各号位乘务员			
		1号	2号	3号	4号
客舱准备	检查各自区域的应急设备	√	√	√	√
	检查洗手间的应急设备		√		√
	检查客舱的服务设备（PSU面板、座椅靠背、小桌板等）	√	○	√	○
	检查厨房服务设备、厨房配电板、洗手间设备		√		√
	清点机上厨房供应品		√		√
	清点机上服务用品（毛毯、枕头等）		√		√
	清点餐食、抽查餐食质量		√		√
	客舱准备及布置	√		√	
	洗手间用品摆放		√		√
	客舱卫生、清舱（座椅上下、座椅口袋、行李架等）	√	○	√	○
	检查洗手间台面、镜子、马桶、镜柜、垃圾桶等的卫生，无外来人、外来物		√		√
	厨房卫生、清舱，无外来人、外来物		√		√
	仪容仪表自查	√	√	√	√
登机→起飞前	迎客		√	√	√
	数客	√	○		
	负责所在区域特殊旅客的服务工作，准备特殊餐食	√	√	√	√
	出口座位旅客座位评估			√	
	舱门指令	√			
	舱门待命，交叉检查	√	√	√	√
	安全演示	√	√	√	√
	客舱安全检查	√	√	√	√
	放下马桶盖，关闭洗手间		√		√
	固定厨房物品，收起厨房用品，扣好隔帘		√		√
	安全检查复查	√			
平飞后	打开洗手间		√		√
	报刊服务	√		√	
	餐饮准备		√		√
	客舱餐饮服务	√	√	√	√
	厨房整理		√		√
	巡视客舱	√	√	√	
	清理洗手间		√		√
下降前	归还旅客用品	√	√	√	√
	客舱安全检查	√	√	√	√
	放下马桶盖，关闭洗手间		√		√
	厨房物品固定，收起厨房用品，扣好隔帘		√		√

续表

工作阶段	工作内容	各号位乘务员			
		1号	2号	3号	4号
下降前	安全检查复查	√			
落地后	舱门指令	√			
	解除待命，交叉检查	√	√	√	√
	送客	√	√	√	√
	负责所在区域特殊旅客的服务工作	√	√	√	√
	客舱清舱（座椅上下、座椅口袋、行李架等）	√	○	√	○
	清理洗手间台面、镜子、马桶、镜柜、垃圾桶等			√	√
	厨房清舱，无遗留人、遗留物		√		√

注解："√"为主要负责工作，"○"为辅助工作。

2. 五人制乘务组

如表 1-2 所示是单通道飞机五人制乘务组的岗位工作表。

表1-2 单通道飞机五人制乘务组的岗位工作表

工作阶段	工作内容	各号位乘务员				
		1号	2号	3号	4号	5号
客舱准备	检查各自区域的应急设备	√	√	√	√	√
	检查洗手间的应急设备		√			√
	检查客舱服务设备（PSU 面板、座椅靠背、小桌板等）	√	○	√	○	○
	检查厨房服务设备和配电板设备		√		√	
	检查洗手间设备		√			√
	清点机上厨房供应品		√		√	
	清点机上服务用品		√			√
	清点餐食、抽查餐食质量		√		√	
	客舱准备及布置	√		√		○
	洗手间用品摆放		√			√
	客舱卫生、清舱（座椅上下、座椅口袋、行李架等）	√	○	√	○	○
	检查洗手间台面、镜子、马桶、镜柜、垃圾桶等卫生，无外来、人外来物		√			√
	厨房卫生、清舱，无外来人、外来物		√		√	
	仪容仪表自查	√	√	√	√	√
登机→起飞前	迎客	√				
	数客	√	○			
	负责所在区域特殊旅客的服务工作，准备特殊餐食	√	√	√	√	√
	出口座位旅客座位评估					√
	舱门指令	√				

续表

工作阶段	工作内容	各号位乘务员				
		1号	2号	3号	4号	5号
登机→起飞前	舱门待命，交叉检查	√	√	√	√	
	安全演示	√	√	√	√	√
	客舱安全检查	√	√	√	√	√
	放下马桶盖，关闭洗手间		√			√
	固定厨房物品，收起厨房用品，扣好隔帘		√		√	
	安全检查复查	√				
平飞后	打开洗手间		√			√
	报刊服务	√		√		
	餐饮准备			√	√	
	客舱餐饮服务	√	√	√	√	√
	厨房整理			√		
	巡视客舱	√	√	√	√	
	清理洗手间		√			
下降前	归还旅客用品	√	√	√	√	
	客舱安全检查	√	√	√	√	
	放下马桶盖，关闭洗手间		√			√
	固定厨房物品，收起厨房用品，扣好隔帘		√		√	
	安全检查复查	√				
落地	舱门口令	√				
	解除待命，交叉检查	√	√	√	√	
	送客	√	√	√	√	√
	负责所在区域特殊旅客的服务工作	√	√	√	√	√
	客舱清舱（座椅上下、座椅口袋、行李架等）	√	○	√	○	○
	清理洗手间台面、镜子、马桶、镜柜、垃圾桶等		√			√
	厨房清舱，无遗留人、遗留物		√		√	

注解："√"为主要负责工作，"○"为辅助工作。

课后习题

1. 填空题

（1）带班乘务长在航班任务中隶属_____领导，协助机长保证_____、_____、_____、_____在正常和应急情况下的安全。

（2）乘务员在广播时，要亲切、热情，发音_____、_____，语调_____，语速、音量适中。

2. 实操题

结合所学知识，以乘务组为单位，模拟单通道飞机五人制乘务组的客舱服务工作。

项目小结

本项目主要讲解了空中乘务员的职业认知，列举了客舱工作中的常用专业术语，介绍了乘务员的岗位职责。通过学习本项目，学生能够掌握相关的空乘服务理论基础及专业知识，熟悉客舱服务的相关技能，具备一定的团队协作能力及责任意识。

项目二 乘务员专业化形象

任务一 专业化形象——妆容

知识目标
（1）熟悉客舱乘务员的发型标准；
（2）熟悉面部、手部及颈部的护理方式。

能力目标
（1）掌握不同发型的盘发方法；
（2）掌握护肤及化妆的步骤及技巧；
（3）熟悉手部及颈部的保养方法。

素质目标
通过学习拓宽学生的知识面，提高学生对仪容仪表的重视程度。

一、客舱乘务员的发型
1. 头发的清洁护理及发型
1）头发的养护
（1）梳理头发。

梳理头发不仅可以去掉头皮及发丝上的皮屑和灰尘，而且可以给头皮适度的刺激以促进血液循环，从而使头发更加柔软且有光泽。梳理头发时，要把握好力度，均匀梳理。

（2）科学养护。

选择洗发产品时，要根据头发的特性选择适合自己发质的洗发产品。中性发质的人群可选用中性、微酸性的洗发产品，含简单的护理成分即可；干性发质的人群应选用微酸、弱酸性的洗发水，并配合使用护发素；油性发质的人群可选用中性、微碱性的洗发水，若头发出油严重，则可选择清洁能力强、无滋润或修护功能的洗发水。

（3）科学洗发。

洗发前，先用梳子把头发梳顺，并将打结的部分解开，然后用温水将头发浸湿。将洗发水在手心揉搓出泡沫后，均匀地涂抹在头发上。用温热的清水把泡沫冲洗干净，水温一般以40℃左右为宜。在冲洗干净的发丝上涂抹护发素，从发尾向发根均匀地涂抹。最后用温水反复冲洗，直至把护发素冲洗干净为止。

（4）科学吹发。

在使用吹风机之前，先用毛巾轻轻拍打头发，充分吸收头发上的水分。当头发不再滴水时，在发丝及发尾上涂抹一些护发精油，形成一个隔热层，使头发不受热风的损伤。

并且应用梳子将头发梳开，避免打结的头发在吹干过程中受到拉扯而断裂。

2）客舱乘务员的发型标准

（1）女性乘务员发型。

①大光明式。所需物品：一字卡 4 个、U 型卡若干、黑色发网 1 个、黑色皮筋 1 个、尖尾梳 1 把、发胶 1 瓶。步骤如下：

把头发全部向后梳，顶部头发可从内部打毛，外部用发胶定型；

用皮筋把头发扎成马尾辫，高度与耳朵平齐；

用手一边扭动头发一边做顺时针旋转，使马尾形成一个圆球状；

佩戴统一的头花，并用发网罩住盘好的发髻；

用发卡固定发髻周围的细小毛发，使发型更加平整（见图 2-1）。

图 2-1　大光明式发型图示

②短发。所需物品：发胶 1 瓶、梳子 1 把。具体要求如下：

乘务员可留短发，但短发造型不可独特；

长度不可超过衣领；

前额发在眉毛上方且不宜遮住眉毛；

两侧头发应干净利落，服帖（见图 2-2）。

图 2-2　短发发型图示

③法式。所需物品：尖尾梳1把、黑色皮筋1个、U型卡若干。盘发步骤如下：

盘发前将发丝梳理通顺；

从发顶分离出一小束发丝，使用梳子梳理整洁后，将发丝扭转两道；

想要发丝变得更加蓬松，可以将发丝向上推一下，并使用发夹固定发丝；

右侧耳前的发丝向后梳理整洁，将发丝向上扭转几道后使用发夹固定，另外一侧的发丝按照同样的方法，将发丝固定在发顶中间位置；

将全部的长发发丝梳理成一个不高不低的马尾辫，使用皮筋固定；

在马尾辫的上方挖出一个小洞，然后将马尾发丝向里塞，做鸟窝盘发；

将马尾发丝全部塞到小洞内，如有小碎发可喷一些发胶整理一下。

（2）男性乘务员发型。

如图2-3所示是男性乘务员标准发型图示。对男性乘务员发型的具体要求如下：

图2-3 男性乘务员标准发型图示

男性乘务员的发型以平头、寸头、分头和背头为主；

要求前发不覆额，侧发不掩耳，后发不触领；

可以使用发胶或摩丝等定型，不得有蓬乱的感觉；

半个月左右修剪一次头发为最佳；

发色必须保持自然的颜色（黑色）；

不可烫发，应保持头发自然洁净；

不可留中分或光头，头发不可太短。

二、客舱乘务员的面部护理

1. 面部保养及妆容

1）女性乘务员的面部保养

（1）肤质的确定。

①干性肤质：干性肤质的特征是油脂分泌少，角质层含水量较低，皮肤显得干燥，

容易老化。干性肤质的人应适度地清洁皮肤,可选用高保湿、补水的护肤品。

②中性肤质:中性肤质是一种比较理想的皮肤类型,其主要特征是皮脂腺、汗腺的分泌量适中,油脂和水分的分泌平衡,皮肤滋润、光滑、有弹性,肤色均匀,毛孔细小。中性肤质的人可选用温和型、滋润型的护肤品。

③油性肤质:油脂分泌旺盛,皮肤油腻、粗厚,毛孔粗大,不易产生皱纹,但由于皮脂分泌过多易导致毛孔堵塞,从而引起粉刺、痤疮等皮肤问题。油性肤质的人应注意面部清洁,可选用清洁能力强、含有控油成分的洁面乳和清爽、含控油成分的护肤品。

④混合型肤质:兼有油性肤质和干性肤质的特征,通常在面部T区(额头、鼻子、鼻翼两侧、下颌)呈油性,在U区(两侧脸颊、颧骨、外眼角部位)呈干性。

⑤敏感性肤质:敏感性肤质是一种极不稳定的皮肤状态,因此敏感性肤质的人不要频繁更换护肤品,应长期使用适合自己的护肤品。

(2)基础护肤的步骤。

①卸妆:卸妆是洁肤前非常重要的一步,如果不进行彻底的卸妆,那么化妆品、汗水、灰尘、皮肤分泌物等会残留在脸上,从而阻塞毛孔,对皮肤造成极大的伤害。卸妆时应先用卸妆水卸除重点部位的浓妆,如眼部、唇部和眉毛,再用卸妆油对整体面部进行卸妆。

②爽肤:洗完脸后拍化妆水,主要作用是收缩毛孔、平衡油脂分泌、补充皮肤的水分、提高面部的光泽感及水润程度。

③润肤:擦拭护肤产品,是基础护肤的最后一步,主要作用是补充皮肤的营养和水分,增强皮肤的新陈代谢功能。润肤也是化妆前需要完成的重要步骤,能起到保护皮肤的作用,可以防止化妆品直接接触皮肤而刺激皮肤,还能使妆容与皮肤更加贴合,更容易上妆。

(3)定期保养。

定期保养对皮肤而言像是一次大型的"修理"工作,不必天天进行,但是要有周期性,尤其是当皮肤出现问题时,更需要"紧急救援"。此外,为了预防角质增厚,应定期利用去角质的产品去除肌肤表面的老废角质,让肌肤重新"呼吸"。

敷面膜对皮肤起着有效的保养作用,但敷面膜的时间不宜过长,否则面膜会反吸收脸部的养分,通常敷15~20min即可。

2)男性乘务员的面部保养

(1)清洁:男性面部会较油,可使用清洁力较强且控油的产品,应做到早晚各一次;洗脸水的温度以40℃左右为宜,还应注意清理鼻腔并保持鼻部无"黑头",清理口腔并保持口气清新。

(2)护理:洗完脸后,应取适量眼霜涂抹在眼部,取适量爽肤水轻拍面部,然后涂抹适当的润肤产品以补充皮肤所需养分,保持面部润泽、光洁、清爽。

(3)保养:定期敷面膜,保证充足的睡眠,保持良好的情绪。

3)女性乘务员的妆容

(1)化妆步骤。

打粉底→定妆→修饰眉毛→修饰眼部→修饰睫毛→打腮红→修饰唇形→检查修正。

（2）底妆。

因为高空飞行，舱内干燥的空气对皮肤有很大的影响，所以选择底妆时，应尽量选择轻薄透亮、滋润程度更佳的底妆产品。此外，应选择适合自己肤色，与脖子颜色相靠近的色号。

（3）眼妆。

女性乘务员的眼妆大致分为两种眼影色系，大地色系和桃色系。

大地色系眼妆化妆步骤：

步骤1：首先选择如图2-4所示的眼影盘中左上角的淡棕色眼影在上下眼睑的位置涂抹上色，眼尾的位置要拖出漂亮的弧度，以产生扩张眼尾的效果。

步骤2：用小号眼影刷蘸取淡棕色眼影进行叠加上色，只覆盖步骤1眼影的1/2，加深眼影色。

步骤3：选择左下角的深棕色眼影在眼头和眼尾的位置晕染，画的时候要注意角度，应按照三角的弧度，中间留白。

步骤4：用手指将眼影色泽晕染开，让各色眼影都融合得更加自然，色泽更加清新、亮眼。

图 2-4　大地色系眼妆眼影盘

桃色系眼妆化妆步骤：

步骤1：如图2-5所示是桃色系眼妆眼影盘，用黄棕色眼影在上下眼皮打底。

图 2-5　桃色系眼妆眼影盘

步骤2：眼影刷蘸取梅子色眼影在上眼尾晕染，接着沿着双眼皮褶皱的外侧向内眼角的方向晕染，注意不要晕染到双眼皮内侧。

步骤3：上眼皮内眼角的位置也用梅子色眼影加深，以突出眼睛的立体感。

步骤4：上眼皮正中心位置用金色珠光眼影提亮。

（4）腮红：颜色以粉色为宜，根据自己的脸型决定腮红的位置。

（5）口红：颜色最好与眼影及腮红的颜色一致，颜色不要过于跳跃，不同的航空公司有不同的颜色要求（大部分航空公司要求正红色）。

4）男性乘务员的妆容

男性乘务员妆容的重点在于干净自然，应以体现自身的特点为宜。

修饰脸上的皮肤时，应选择比肤色暗一度的粉底，既可以改变肤色，也可以让皮肤看起来更干净。修饰眉毛时，应在原有的眉毛上用眉粉刷出眉形，再反复用干净的眉刷刷掉过多的颜色，直到眉毛看起来非常自然。此外，可以适当涂抹唇膏，选择与自己唇色及肤色相配的颜色可以使人看起来更加自然柔和。

三、客舱乘务员的手部及颈部护理

1. 手部护理

1）手部的清洁

饭前便后及接触脏物后应马上洗手，以保持双手的清洁和卫生。洗手的基本步骤如下（见图2-6）：

掌心对掌搓擦；

掌心对手背搓擦；

手指交错搓擦；

两手互握搓指背；

拇指在掌中边转边搓擦；

指尖在掌心搓擦；

掌心与手腕搓擦。

图2-6 七步洗手法

2）指甲的修饰

对于女性乘务员而言，染指甲时，应选择与口红或唇彩颜色相匹配的指甲油，应顺着指甲纹理均匀地涂抹（颜色范围为大红色、豆蔻色或肉色，不同航空公司的要求不同）。染指甲不能在公共场合进行。

对于男性乘务员而言，为了表示对旅客的尊重，应勤剪指甲，指甲长度不能超过指尖。

3）手部的保养

每次洗手后，需涂抹护手霜。涂抹护手霜时，可对手部进行打圈按摩，直至手部发热。闲暇时间可以活动一下手指关节，以加速手部的血液循环。

2. 颈部护理

对于颈部的护理首先应注意防晒，可以涂抹一些防晒霜；睡觉的时候最好选择8厘米的枕头，能够有效减少颈部皱纹；洗澡后，可以使用一些颈霜按摩涂抹，以达到护理颈部皮肤的作用。

课后习题

1. 实践题

请同学们练习大光明式发型，并在10分钟内完成。

2. 简答题

（1）女性乘务员的化妆步骤是什么？

（2）清洗手部的步骤有哪些？

任务二　专业化形象——仪表

知识目标

（1）熟悉客舱乘务员的着装要求；

（2）了解客舱乘务员的配饰种类；

（3）了解香水的类型。

能力目标

（1）掌握客舱乘务员的着装规范；

（2）掌握丝巾和领带的不同系法。

素质目标

（1）通过学习提升外在形象的方法让学生们更加自信地对待生活；

（2）提升学生们的团队协作能力。

案例导入

河北航空地服新形象绽放劳动之美

2021年5月1日起，河北航空有限公司（河北航空）的地面服务人员全部更换新装，这是继 2019 年乘务员换装之后，河北航空品牌形象的再一次升级。本次新装为河北航空第三代地面服务人员制服，新装采用 V 领连衣裙搭配小裙摆式外套设计，颜色取自河北航空 LOGO 中的红、蓝元素，以蓝色为主基调，搭配红色镶边设计，线条简约干练，优雅大方，体现出了河北航空地面服务人员专业的职业素养与充满活力的精神风貌。地面服务人员的新装与第三代乘务员制服一脉相承、交相呼应，形成了空地一体的河北航空服务新形象。为进一步提升服务的规范性，本次换装河北航空同步修改完善了《地面服务保障部着装规范标准》，根据新时代民航地面服务职业化形象需求，重新梳理并细化职业着装、工牌、发型及头饰、妆容等众多细节标准，要求全员以完整、标准、精神、专业的姿态，成为合格的河北航空地面服务形象代言人。

河北航空以本次地面服务人员换新装为契机，对"蜂鸟"服务品牌进行升级，在"蜂鸟"柜台服务的基础上，特别为老弱病残孕等特殊旅客打造"蜂鸟"爱心专属柜台，提供优先值机、专人陪护等暖心服务。本次地面服务人员的全新换装是河北航空进一步提升服务品牌形象的重要举措，为公司立足新发展形势，打造空地一体的服务形象，实现高质量发展提供了保障。真情服务一直在路上，河北航空将继续秉承"以人为本、真情服务"理念，不断夯实安全基础，完善服务细节，提升服务品质，为旅客提供更安全、更高效、更便捷、更舒心的旅行体验。

一、客舱乘务员的着装

1. 女性乘务员的基本着装

1）春秋装

春秋装主要包括长袖衬衫、马甲、制服外套、裤装、裙装、旗袍、长筒丝袜、单皮鞋。

2）夏装

夏装主要包括短袖衬衫、裙装、长筒丝袜、单皮鞋。如图 2-7 所示是女性乘务员的夏装着装图示。

图 2-7　女性乘务员的夏装着装图示

3）冬装

冬装主要包括风衣、羊绒大衣、羽绒服、长袖衬衫、马甲、制服外套、靴子。

2. 男性乘务员的基本着装

1）春秋装

春秋装主要包括长袖衬衫、马甲、制服外套、裤子、深色袜子、单皮鞋。

2）夏装

夏装主要包括短袖衬衫、马甲、裤子、深色袜子、单皮鞋。如图2-8所示是男性乘务员的夏装着装图示。

图2-8 男性乘务员的夏装着装图示

3）冬装

冬装主要包括风衣、羊绒大衣、羽绒服、皮靴、长袖衬衫、马甲、制服外套、裤子。

3. 女性乘务员的基本着装规范

（1）工作期间必须穿着制服，且始终保持干净挺括、尺寸合身、无污渍。

（2）短袖衬衫、长袖衬衫：保持干净，熨烫整齐，衬衫下摆系在裙服腰内，扣好纽扣。

（3）马甲：尺寸合身，熨烫平整，无污渍，扣好纽扣。

（4）外套：干净整洁，肩线明显，尺寸合身，扣好纽扣。

（5）裤装：裤线清晰，西裤长度以盖住脚面为宜。

（6）长筒丝袜：统一穿着航空公司发放的长筒丝袜（各个航空公司长筒丝袜的色系标准不同），确保无破损。

（7）皮鞋：干净有光泽，每日飞行前需要打理好鞋面，无破损，登机前及下机后穿着高跟鞋，登机后及下机前穿着平底鞋。

（8）风衣、羊绒大衣、羽绒服：拉链拉好，纽扣扣齐，腰带系好。

4. 男性乘务员的基本着装规范

（1）工作期间必须穿着制服，制服要始终保持干净整洁、没有破损、没有污渍、纽扣扣齐。

（2）长袖衬衫、短袖衬衫：衬衫不可袒胸露背、衬衫下摆系在裤腰内。

（3）外套、马甲：保持挺括、扣好纽扣。

（4）风衣、大衣、羽绒服：穿戴时必须系好纽扣。

（5）裤子：干净平整、裤线清晰、没有污迹破损。

（6）袜子：统一穿航空公司发放的袜子（大致均为黑色）。

（7）皮鞋：干净、光亮、无破损、无异味。

5. 乘务员的其他着装规范

（1）女性乘务员的帽子应与制服配套，戴在眉毛上方 1~2 指处。

（2）男性乘务员的帽子应佩戴端正，航徽位置应正确。

（3）女性乘务员的围裙应保持干净整洁、无褶皱。

（4）男性乘务员应正确佩戴领带和肩章，并保持制服的干净、挺括。

（5）不能穿着制服出现在与工作无关的场合或其他公共场合。

（6）无论何时何地，都应自觉维护制服的尊严，自律自己的行为。

二、客舱乘务员的配饰

1. 女性乘务员的丝巾

丝巾是女性乘务员制服的一部分，具有极强的装饰作用，也能在紧急情况下起到关键作用，是女性乘务员制服设计中的亮点，不同航空公司制服的设计理念不同，但最终目的都是一样的，下面具体介绍几款不同丝巾的系法。

1）小平结

如图 2-9 所示是小平结效果图，系法步骤如下所述：

（1）将丝巾对角折叠，按照 2~3 厘米的宽度折成条状；

（2）将丝巾戴在脖子上，丝巾两端交叉；

（3）将交叉后的上面一端穿过另一端，拉紧再系上一个小平结；

（4）整理丝巾两端，使之两角对等并放置在颈部右侧，丝巾角一端在前一端在后。

图 2-9 小平结效果图

2）扇形结

如图 2-10 所示是扇形结效果图，系法步骤如下所述：

（1）将扇形丝巾放平，像扇子一样正反面折叠到尾；

（2）将折叠好的丝巾放入丝巾扣，固定好位置，转到颈部右侧；

（3）整理丝巾，依次展开，使之呈现出扇形。

图 2-10　扇形结效果图

3）玫瑰花结

如图 2-11 所示是玫瑰花结效果图，系法步骤如下所述：

（1）将方形丝巾对角边系一个结；

（2）拿住另外两个丝巾角，从系好的结的下方交叉穿过；

（3）拉住两头轻轻甩动，直到丝巾出现玫瑰花造型；

（4）稍加整理造型，使其更加自然美观，最后将两个端角系在颈部的右后侧。

图 2-11　玫瑰花结效果图

2. 男性乘务员的领带

系好领带是男性乘务员必须做好的功课，在工作期间，必须使用公司统一配发的领带。下面具体介绍两种常用的领带系法。

1）小平结

如图 2-12 所示是小平结系法步骤图示。

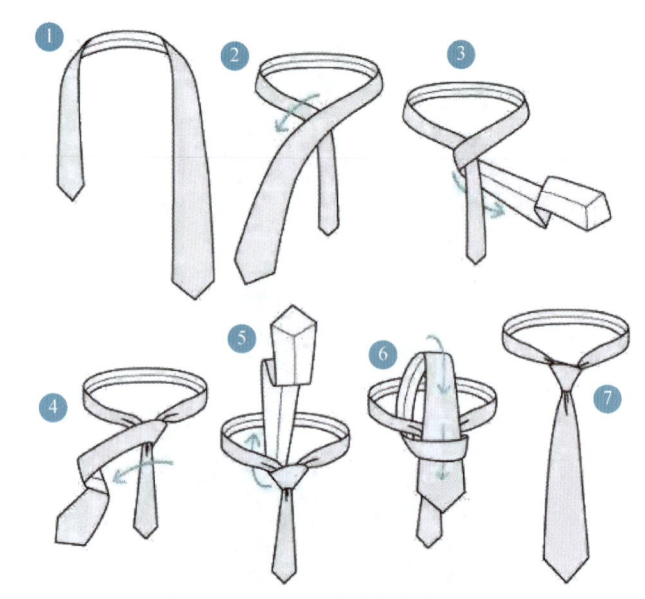

图 2-12　小平结系法步骤图示

2）温莎结

如图 2-13 所示是温莎结系法步骤图示。

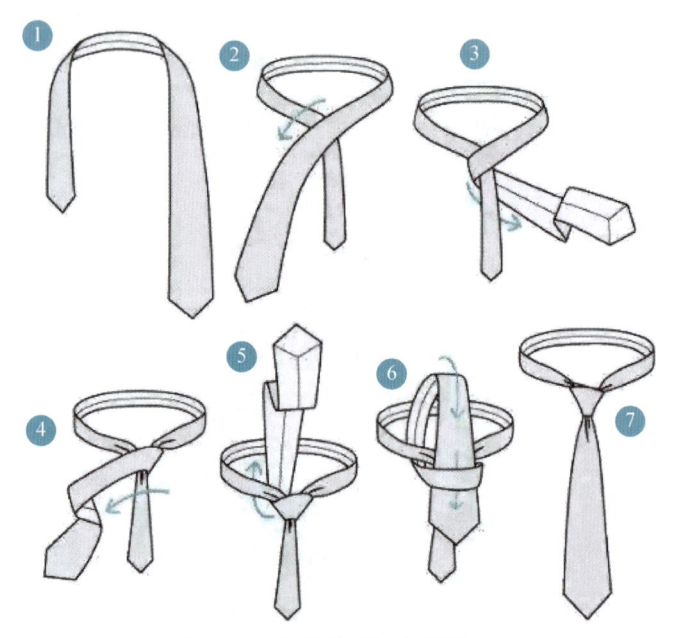

图 2-13　温莎结系法步骤图示

3. 飞行箱

（1）航空公司对客舱乘务员飞行期间携带的背包与箱包都有明确的规定，飞国内航班时需携带小背包与小型行李箱；飞国际航班时需携带大型行李箱、背包及过夜带。

（2）背包和行李箱上可以插入个人名片及联系方式，但是在行李箱和背包上不能粘贴或悬挂有个性的装饰物，如粘贴卡通图片、悬挂小物品等。

4. 铭牌

乘务员胸前的服务牌上嵌有航徽、乘务员的中文名字和英文名字，以及岗位级别，要求上班时必须携带铭牌。着制服、马甲、外套、围裙时，应将铭牌佩戴在左胸前，离肩线大概12厘米的位置。

5. 手表

佩戴手表是航空公司的硬性要求与规定，并且需要佩戴款式简单、功能单一的手表，钢带手表颜色应为金色、银色或玫瑰金色，皮质手表颜色应为黑色或棕色。此外，应选择3针齐全，有60个清晰刻度的手表（见图2-14）。

6. 戒指

乘务员只允许佩戴一枚戒指，并且颜色应与手表颜色统一，若佩戴钻戒，则直径不可超过3cm。

7. 耳钉

女性乘务员允许佩戴耳钉，但只能是珍珠耳钉，并且直径不可超过5mm。

图2-14 手表图示

8. 项链

着夏装时不可佩戴项链；着春秋装及冬装时可佩戴项链但要藏在制服中不露出，并且只能佩戴一条。

9. 香水

香水可分为4大类，分别是微香型、淡香型、清香型和浓香型。因为客舱属于密闭空间，不宜使用过浓的香水，所以宜选择淡香型或微香型香水，以免四处散发的香气分散他人的注意力，影响他人情绪。淡香型和微香型香水可以自由地涂抹或喷洒在脉搏跳动处、干净的头发上、衣服里、裙摆两边等。

课后习题

1. 实操题

（1）请同学们分为6~8组，每组4~6人，一起来分析一下哪组同学的制服穿得最符合标准。

（2）请同学们在5分钟内打出3种丝巾的系法和两种领带的系法，全部打出的同学加分。

2. 问答题

铭牌应如何佩戴？

任务三　专业化形象——仪态

知识目标

（1）了解客舱乘务员仪态礼仪的规范要点；
（2）掌握航空公司对目光、站姿、坐姿、蹲姿、走姿、递接物品礼仪的要求。

能力目标

（1）通过学习，能够达到客舱乘务员的日常仪态标准；
（2）能够在客舱中正确使用手势和鞠躬礼。

素质目标

（1）使学生能够注重自己的仪态，树立良好的外在形象；
（2）使学生能够以德为主，塑造其心灵之美，培养学生的全局观念和无私奉献的精神。

案例导入

案例一　被投诉的小美

小美在大学时的专业是空中乘务，毕业后被一家航空公司录取了，经过严格的培训，小美终于实现了蓝天梦。可她飞行的第一天就被投诉了，原因是她不会笑，说话因为害羞不敢看着对方，并且跟旅客沟通的时候弓着背，坐下来休息的时候跷着二郎腿，姿态极其不美观。

请思考：旅客为什么会投诉她？

案例二　难忘的中秋佳节

2018年9月22日，CZ6481深圳—哈尔滨的航班上传来阵阵欢声笑语，那是中国南方航空股份有限公司深圳分公司为了和旅客们共度中秋佳节而举办的一场别开生面的特殊的航班活动。乘务组事先为旅客们精心准备了公仔、钥匙扣等小礼物，还有中秋佳节必不可少的月饼。

原本觉得旅程很枯燥的小朋友收到乘务员兰宇婷给的小礼物时高兴极了，在座位上喜笑颜开。于是她顺势拿出早先准备好的月饼亲自喂给小朋友吃，小朋友激动地在兰宇婷面颊上亲了一口，并害羞地说："谢谢姐姐，姐姐真好！"

小朋友天真无邪的笑脸感染着兰宇婷，摄影师用相机记录下了这一美好的瞬间（见图2-15）。

仪态也叫仪姿、姿态，泛指人们身体所呈现出的各种姿态，包括举止动作、神态表情和相对静止的体态。仪态是表现一个人涵养的一面镜子，也是构成一个人外在形象的主要因素。不同的仪态显示人们不同的精神状态和文化素养，传达不同的信息，因此仪态又被称为体态语。

图 2-15 小朋友亲吻乘务员瞬间

客舱乘务员在服务过程中的行为举止要符合相应的仪态礼仪规范，一个温馨的微笑、一句热情的问候、一个友善的举动及一副真诚的态度，不仅展示出客舱乘务员的素质与职业规范，体现着客舱乘务员良好的工作态度，还体现着对旅客的尊重。

一、客舱乘务员的表情

保持良好的面部表情是客舱乘务员开展服务工作的基本职责，是维护航空公司形象的内在要求。航空公司对表情礼仪的总体要求是热情、友好、轻松、自然。

1. 目光

目光也称眼神，是面部表情的核心。泰戈尔说："任何人一旦学会了眼睛的语言，表情的变化将是无穷无尽的。"眼睛是五官中最敏感的器官，被称为心灵的窗户，它能够自然、明显、准确地表现人的心理活动。

以下是对眼神礼仪的介绍。

1）注视对方表示关注

即使是在普通的社交谈话中，眼神礼仪的要求之一就是目光一定要注视谈话者。通常认为，在别人讲话时眼睛东张西望、心不在焉、玩弄东西或不停地看手表是很不礼貌的行为，也难以得到他人的尊重和信赖。

2）眼神的许可区间

公务凝视：注视位置稍高，位于两眼与眉毛之间，适用于洽谈、磋商、谈判等正式场合。这种注视方法给人一种严肃认真的感觉，对方也会觉得你很有诚意。

社交凝视：注视的位置在对方嘴巴至双眼之间的三角区域，当你的目光看着对方脸部这个区域，会营造出一种社交气氛，让人感到轻松自然，适用于各种社交场合。

亲密凝视：凝视的位置在对方双眼到胸部的位置。亲密凝视是亲人、恋人、家庭成员之间使用的注视方式。

客舱乘务员在与旅客交流时，应选择社交凝视，以便能够轻松自然地交流（见图2-16）。

3）直盯对方是失礼的行为

要注意不能长时间凝视关系不熟或关系一般的人，这会使对方感到浑身不自在，这似乎是全世界通行的礼仪规则。若路遇陌生人，则应倾向于避开眼神对视；若上下打量人则更是一种轻蔑和挑衅的行为，容易引起对方的不满。有趣的是，动物学家们发现在

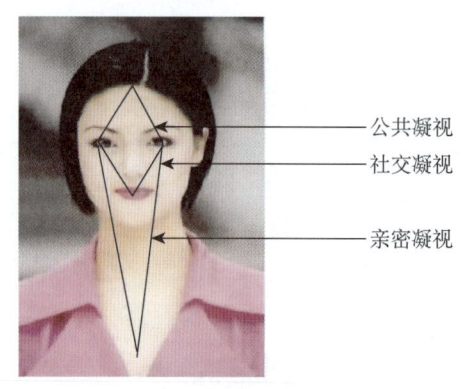

图 2-16　凝视区域

动物世界里，由于缺乏有效的语言沟通，动物之间挑起"战争"的形式多数是从眼神的怒目相向开始的。而我们人类也类似，人们常说"仇人相见，分外眼红"，这也说明眼神的确起到了表示仇恨、愤怒、威胁的作用。所以，除亲密凝视外（如恋人之间的长时间对视），凝视的对象一般是静物（如欣赏艺术作品）。

4）注视的时间

一般来说，当你与别人谈话 30 分钟时，如果对方注视你的时间不足 10 分钟，那么说明他在轻视你；如果对方注视你的时间为 10~20 分钟，那么说明他对你是友好的；如果对方注视你的时间为 20~30 分钟，那么分为两种情况，一是表示重视，二是表示敌视。也就是说，与别人谈话时注视对方的时间要占谈话时间的 30%~60%。

2. 笑容

中国古代有句话是面无笑颜不开店。一直以来，笑容都是航空公司决胜的"法宝"。请大家试想一下，即使航空公司有着最一流的服务设备，但是登机时，客舱乘务员都是冷淡的表情，情况会怎样呢？

客舱乘务员以微笑示人可以创造出一种和谐、融洽的服务氛围，可以感染旅客，使其心情愉快；真诚的微笑可以调节情绪、消除隔阂，给旅客留下美好的心理感受。因此，在服务工作中，客舱乘务员要时刻注意自己的笑容。

客舱乘务员在接待旅客时，需要时刻保持微笑。但在面对不同熟悉程度的旅客时，所要用的微笑力度也不相同。下面介绍微笑礼仪中"微笑三度"的基本内容。

1）微笑的三个度数

一度微笑：在接待新旅客或初次见面的客人时，可启动一度微笑，一度微笑一般不露出牙齿，只需保持嘴角微微上扬就可以了，注意微笑的同时，目光要注视着客人。

二度微笑：在接待经常见到的朋友或熟悉的客人时，可启动二度微笑，二度微笑要露出上排牙齿，但不宜露出太多牙齿，一般只露出上排 4~6 颗牙齿为宜。

三度微笑：俗称职业化的微笑，一般需要露出上排 8 颗牙齿（见图 2-17），这种微笑广泛运用在所有的服务行业中，需要经过专业严格的训练。

2）笑容的要求

笑容要通过眉毛、眼神、嘴巴和面部肌肉协调完成，并且必须是发自内心的，要自然、和谐。在服务工作中，假笑、冷笑、怪笑、媚笑、窃笑都是非常忌讳的。

图 2-17　三度微笑

二、客舱乘务员的仪态

1. 优雅的站姿

1）站姿的要求

对客舱乘务员基本站姿的要求是：男性要体现出刚健、潇洒、强壮的风采；女性要体现出柔美、端庄、轻盈的感觉。如图 2-18 和图 2-19 所示是标准式站姿。

图 2-18　标准式站姿（女）　　　　图 2-19　标准式站姿（男）

2）动作要领

站姿的动作要领如下所述。

头正：双目平视前方，头顶向上朝天，下颌微收，面带微笑。
颈正：脖子拉长，体现优雅。
肩平：两肩放平，自然下垂且展开。
臂垂：双臂自然下垂于体侧，中指贴在裤缝处，虎口向前，手指自然弯曲。
躯挺：后背直立，挺胸、收腹、立腰、提臀。
腿并：膝盖内侧夹紧，大腿内侧收紧。
脚稳：两脚跟并拢，两脚尖张开30°～60°，身体重心落于两腿中间。

3）男性乘务员的站姿

男性乘务员的站姿主要有两种，分别是后背分腿式站姿和前腹分腿式站姿。

后背分腿式站姿（见图2-20）：双手交叉于后背，右手握住左手手腕，自然贴于背部，双脚分开（与肩同宽）。这种站姿给人威严的感觉，适用于较正式的迎、送场合。

图2-20　后背分腿式站姿

前腹分腿式站姿（见图2-21）：双手交叉于腹前，右手握左手手腕，双脚分开（与肩同宽），手与身体保持一掌的距离。这种姿势会给人一种随和的感觉，一般在工作中与服务对象交流时使用。

4）女性乘务员站姿

女性乘务员的站姿为前腹式站姿（见图2-22），手臂自然下垂置于腹前，将右手交叉放在左手上，四指并拢不外翘，虎口相对，手与身体保持一掌的距离，在客舱中采用"V"字步站姿，在其他场合中可以采用"丁"字步站姿。

5）迎客站姿

如图2-23所示是客舱乘务员迎客时的站姿。

图 2-21　前腹分腿式站姿　　　　　　　图 2-22　前腹式站姿

图 2-23　迎客站姿

6）站姿的注意事项

客舱乘务员在与服务对象交流时，要避免以下不良站姿：

身体歪斜、两肩一高一低；

弯腰驼背或过于挺胸；

双手交叉放在胸前或插入衣服口袋、裤袋中；

靠在墙边或椅子处，不停抖腿。

7）站姿的练习方法

站姿的练习方法主要有 3 种，分别是背靠背站立、顶书练习和五点靠墙法。

背靠背站立：两人一组，要求两人脚后跟、小腿、臀部、双肩、脑后枕部相互紧贴。

顶书练习：在头顶上平放一本书，保持书的平衡，以检测是否做到头正、颈直。

五点靠墙法：站立时要求后脑勺、双肩、臀部、小腿、脚后跟均紧贴着墙。

2. 端庄的坐姿

坐姿礼仪是指入座、在座、离座时的姿势规范。在服务工作中，客舱乘务员要掌握良好的坐姿礼仪，以给人端庄、大方、自然、稳重的感觉。

1）坐姿仪态

作为客舱服务人员，不能随意地坐下和起身离开，需要注意坐姿仪态：

入座要稳。从左侧进入座位处，一定要轻声坐下，切忌沉重入座。女士着裙装，坐下前，要扶裙，保持裙边平整，并且防止走光。

就座时，宜坐满椅子的1/2～2/3，不要坐满整个椅面；与对方交谈，应该身体微微前倾，表示尊重和倾听。

离座时，先将右腿后退半步，站稳，起身时保持背部直立，切勿弯腰或摇晃。

2）男性乘务员的坐姿

男性乘务员的常见坐姿主要有标准式坐姿、高低式坐姿和交叉式坐姿。

标准式坐姿（见图2-24）：要求上身与大腿、大腿与小腿、小腿与地面成直角，双膝、双脚打开与肩同宽，双手自然放在两膝上。

高低式坐姿（见图2-25）：要求在标准式坐姿的基础上将右腿向后收，脚尖向下，两膝形成一高一低，双手分别放在两膝上。

图 2-24　标准式坐姿　　　　　　　　图 2-25　高低式坐姿

交叉式坐姿（见图2-26）：要求小腿向后屈，两脚交叉，脚掌外沿着地，上身挺直，双手自然放在两膝上。

图 2-26 交叉式坐姿

3）女性乘务员的坐姿

女性乘务员的常见坐姿主要有标准式坐姿、侧放式坐姿、叠放式坐姿和交叉式坐姿。

标准式坐姿（见图 2-27）：要求上身与大腿、大腿与小腿、小腿与地面成直角，双脚并拢，双膝紧贴，双手虎口相交放在双腿上。

侧放式坐姿（见图 2-28）：要求上身挺直，坐正，两手交叉叠放在双腿上，两小腿向左侧或右侧 45°处放平，脚尖的侧面点地。

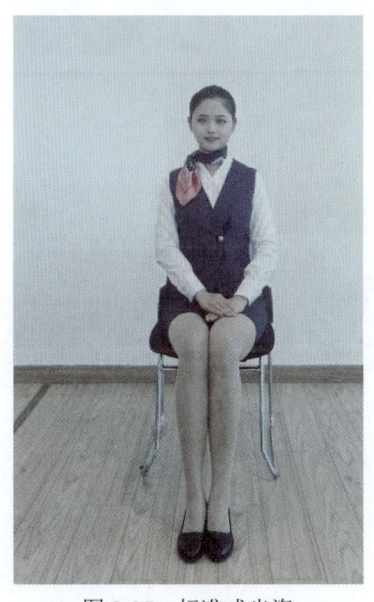

图 2-27 标准式坐姿　　　　图 2-28 侧放式坐姿

叠放式坐姿（见图 2-29）：要求上身端正，两小腿平移至身体左侧或右侧，与地面约呈 45°，右腿重叠于左腿之上，右脚挂于左脚踝关节处，脚尖向下，左脚掌着地。也可以交换两腿的上下位置，将右腿重叠于左腿之上，将两小腿移至身体右侧。

交叉式坐姿（见图2-30）：要求上身端正，大腿紧靠，其中一条小腿向后伸出并于脚踝处与另一条小腿交叉，脚尖交错点地，两手叠放在双腿上。

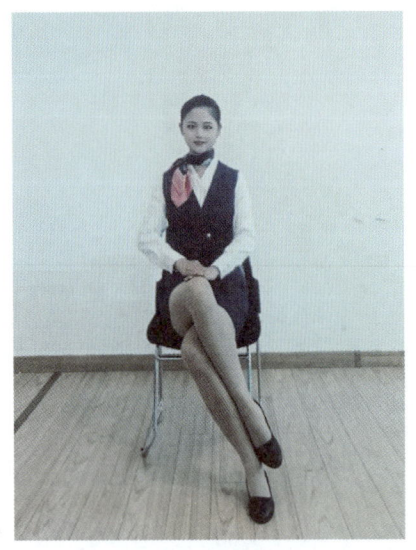

图 2-29　叠放式坐姿　　　　　图 2-30　交叉式坐姿

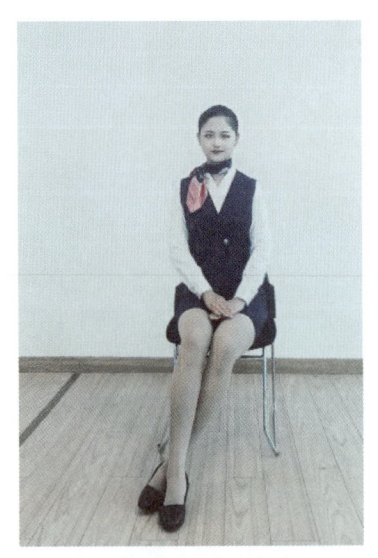

客舱乘务员在机上座椅处就座时，背部要完全贴紧座椅靠背（见图3-31）。

图 2-31　客舱乘务员的机上坐姿

4）坐姿的注意事项

上身不挺直、含胸驼背会给人没有精神的感觉。

切忌跷二郎腿，腿部不停抖动，脚尖指向他人。

坐的时候，上身不能趴伏或倚靠椅背。

3. 美观的蹲姿

在机上的服务工作中，遇到捡拾物品，与特殊旅客或重要旅客沟通时，都需要用到蹲姿。正确、恰当的蹲姿能够体现良好的修养和风度，反之则会有损形象。

1）蹲姿的基本要求

上身挺直、腿部弯曲、臀部下移，双膝一高一低，一脚在前、一脚在后，身体重心落于后面的腿上。

2）蹲姿的类型

蹲姿的类型主要有两种，分别是高低式蹲姿和交叉式蹲姿。

高低式蹲姿要求下蹲时，左脚在前、右脚在后，两腿靠紧向下蹲。左脚完全着地，左小腿基本垂直于地面，右腿则脚掌着地、脚跟提起；右膝低于左膝，并且右膝内侧靠于左小腿内侧，形成左膝高右膝低的姿态。上述姿势左腿和右腿也可互相交替进行。注意：男性乘务员采用此姿势时，两腿可适当分开（见图2-32）；女性乘务员则两腿靠紧，不留缝隙（见图2-33），如果着裙装，应该保证裙子整齐，无褶皱，

图2-32　高低式蹲姿（男）　　图2-33　高低式蹲姿（女）

交叉式蹲姿适用于女士在礼仪场合，或者着短裙时。下蹲时，左脚在前，脚掌完全着地，右脚在后，脚掌着地，脚跟提起；屈膝下蹲后，左小腿基本垂直于地面，右腿从左腿下方伸向左侧，两腿交叉重叠，注意保持身体平衡，腰背挺直，略向前倾斜（见图2-34）。

3）蹲姿的注意事项

不要突然下蹲、正面朝向对方下蹲或蹲得离人过近。

下蹲时不能弯腰撅臀或弯腰半蹲。

女士穿着裙装下蹲时两脚不能分开。

4. 流畅的走姿

走姿是站姿的延续动作，可以体现一个人的精神面貌，正确的走姿可以体现出一个人朝气蓬勃、积极向上的精神状态。女性乘务员的走姿要求轻松、敏捷（见图2-35）；男性乘务员的走姿要求稳健、庄重（见图2-36）。

图2-34　交叉式蹲姿

图 2-35　走姿（女）　　　　　　图 2-36　走姿（男）

1）走姿的动作要领

以下为走姿的动作要领：

双目向前平视，下颌微收，面带微笑；

上身自然挺直，双肩放平，挺胸收腹，双臂自然前后摆动（摆动角度为30°～40°，前摆角度大于后摆角度）；

步幅（前后脚之间的距离）适当，男性乘务员的步幅约为25厘米，女性乘务员的步幅约为20厘米，若女性乘务员着裙装，则步幅可适当缩小；

女性乘务员迈步时，两脚的内侧宜踩在一条直线上，即"一字步"，男性乘务员迈步时，两脚脚跟应在一条直线上，脚尖适当分开，即"平行步"；

步速应自然舒缓，一般而言，男性乘务员的步速为每分钟108～110步，女性乘务员的步速为每分钟118～120步。

2）走姿的类型

在不同的场合和地点，走姿会有一些细微的差别。

（1）引导步：引导步是给旅客带路时的步态。在引导时，应站在旅客的左前方，在行进过程中身体应不时转向旅客方向。遇到上下楼、拐弯、进入客舱通道时，应用手势和语言提示旅客。

（2）搀扶帮助步态：在客舱服务过程中，经常会用到搀扶帮助服务，服务时要先询问旅客，确认旅客是否需要搀扶；此外，搀扶的方法应得当，即一只手臂穿过旅客的腋下，架着其胳膊，再用另一只手扶在其小臂上，步伐要慢。

（3）两人相遇时的步态：在客舱中遇到同事时，需背靠背侧身通过（见图2-37）；遇到旅客时先站立停止，目视旅客面带微笑侧身使其通过后再继续行走（见图2-38）。

（4）后退步：在与旅客告别时，应当先后退两步，再转身离去，退步时脚轻擦地面，步幅要小，先转身后转头。

图 2-37　乘务员客舱相遇　　　　　　图 2-38　乘务员礼让旅客

3）走姿的注意事项

行走时不能弯腰驼背。

切忌身体乱摇乱摆、晃肩扭臀、到处张望。

切忌步子太快或太慢、重心向后、脚步拖沓。

优雅仪态展示练习

【活动形式】以小组为单位展示形体仪态——站姿、坐姿、蹲姿和走姿。

【活动目的】锻炼学生的现实模拟能力和敢于表现的能力，培养学生与他人合作共同完成任务的协作意识，并能将所学的知识、技能运用到实践中，从而真正学会和掌握各种仪态。

【活动内容】将班级分成若干个小组，每组以 6～8 人为宜，并设小组长一名，每组成员完成仪态展示后由其他组成员填写如表 2-1 所示的仪态展示评分表。

【编排设计要求】（1）选择音乐：时间 5 分钟。

（2）编排内容：展现不同仪态。

（3）设计场景和人物。

表 2-1　仪态展示评分表

评分标准	站姿	坐姿	蹲姿	走姿
动作要领 （优秀 8～10 分，良好 5～7 分，不及格 1～4 分）				
面部表情 （优秀 8～10 分，良好 5～7 分，不及格 1～4 分）				
整体表现 （优秀 8～10 分，良好 5～7 分，不及格 1～4 分）				
总分				

5. 手势礼仪

手势是肢体语言中最具表现力的一种肢体语言，客舱乘务员在工作中也会经常用到手势，如为旅客指引方向、递接物品、握手等。客舱乘务员在服务过程中，如果能恰到好处地使用手势，将会大大提高服务质量，强化与旅客交流的效果，从而在旅客心中树立良好的服务形象、赢得旅客的好感和信任。

1）手势的种类

（1）横摆式手势。

横摆式手势（见图2-39）在表示"请进""请"时使用，适用于引导、指引物品、指引较近的距离。其动作要领如下：

五指伸直并拢，掌心向上，以肘关节为轴，手从腹前抬起向右摆动至身体右前方；

脚跟并拢，脚尖略开，头部和上身微向伸出手的一侧倾斜，另一只手下垂或背在身后；

面带微笑，表现出对旅客的尊重、欢迎。

（2）直臂式手势。

直臂式手势（见图2-40）在表示"请往里走"时使用，适用于引导、指引较远的距离。其动作要领如下：

五指伸直并拢，掌心向上，屈肘由腹前抬起，手的高度与肩同高，向行进的方向伸出前臂；

在指引方向时，身体要侧向旅客，眼睛要兼顾所指方向和旅客，直到旅客表示已经清楚了方向，再把手臂放下，向后退一步施礼并说"请您走好"等礼貌用语。

图 2-39　横摆式手势　　　　　图 2-40　直臂式手势

（3）曲臂式手势。

曲臂式手势（见图2-41）在表示"里边请"时使用。适用于引导，有时可一只手持物品，另一只手进行引导。其动作要领如下：

当一手拿物品或推扶房门时，就用另一只手引领来宾，将五指伸直并拢，从身体的侧前方由下向上抬起，上臂抬至离开身体45°的高度，然后以肘关节为轴，手臂由体侧向体前左侧或右侧摆动成曲臂状。

（4）斜摆式手势。

斜摆式手势（见图 2-42）多用于请人入座时。其动作要领如下：

当请来宾入座时，要用双手扶椅子背将椅子拉出，然后一只手曲臂由前抬起，再以肘关节为轴，前臂由上向下摆动，使手臂向下成一条斜线，表示请来宾入座；当来宾在座位前站好，再用双手将椅子往前放到合适的位置，请来宾坐下。

图 2-41　曲臂式手势　　　　　图 2-42　斜摆式手势

2）手势礼仪的注意事项

（1）注意区域性差异。不同国家、不同地区、不同民族，由于文化习俗不同，手势的含义也会有很多差别，甚至同一种手势表达的意思也不相同。

（2）手势不宜过多，动作幅度不宜过大。

（3）手势一定要自然、协调。

手势展示练习

【活动形式】以小组为单位展示手势礼仪——横摆式、直臂式、曲臂式和斜摆式。

【活动目的】使学生真正学会和掌握四种手势。

【活动内容】将班级分成若干个小组，每组以 6~8 人为宜，设小组长一名，每组成员完成手势展示后由其他组成员填写如表 2-2 所示的手势展示评分表。

表 2-2　手势展示评分表

评分标准	横摆式	直臂式	曲臂式	斜摆式
动作要领 （优秀 8~10 分，良好 5~7 分，不及格 1~4 分）				
面部表情及话术 （优秀 8~10 分，良好 5~7 分，不及格 1~4 分）				
整体表现 （优秀 8~10 分，良好 5~7 分，不及格 1~4 分）				

【编排设计要求】（1）选择一种机上场景。
（2）编排内容：将4种手势运用到这个场景中。
（3）设计整体展示。

6. 递接物品礼仪

在客舱服务中，旅客和客舱乘务员之间会递接物品，拥有一个好的递接物品的仪态能体现客舱乘务员的修养。

1）递接物品的要领

（1）面带微笑，目视对方，将物品递于对方手中，同时说道："请您拿好"（见图2-43）。

（2）递物品时要考虑方便旅客接拿。如递给旅客茶杯时，应将杯耳朝向客人的右手边；递文件材料时，字迹要朝向对方；递送尖锐的物品时，应注意安全，将尖、刃向内；递笔的时候可以将笔帽摘下，将笔尖冲向自己递给旅客。

（3）作为接受物品的人时，应主动上前、双手接过，并道谢。

（4）接收名片后，应认真阅读一遍，同时要将对方的姓氏和职称读出来。看过名片后，不要随意放置，应将名片放在口袋里或名片夹内，以表示对旅客的尊重。

图2-43 递接物品

2）递接物品的注意事项

与外宾打交道时，由于不同国度存在礼仪差异，因此我们要先了解和留意对方的生活习惯后再跟着模仿。例如，在泰国、印度、马来西亚和中东的一些国家都用右手拿东西，忌讳用左手。

🦋 **递接物品礼仪练习**

【活动内容】每两名学生为一组进行以下4种场景的模拟练习，让学生体会递接不同物品动作的区别，然后给每组学生打分并填写表2-3。

表2-3 递接物品礼仪评分表

递接物品	递				接			
	身体动作	面部表情	语言表述	递接方式	身体动作	面部表情	语言表述	递接方式
登机牌								
名片								
茶杯								
笔								

7. 鞠躬礼

鞠躬在日常生活中是一项不可缺少的礼仪，特别是在亚洲，中国、日本、朝鲜都广泛使用。鞠躬被视为一个人的态度，头低得越深，腰弯得越大，表示你的诚意越多，尊重程度越高。航空公司要求客舱乘务员在迎送乘客、自我介绍时行鞠躬礼，以表示欢迎和尊重。

1）鞠躬礼的种类

鞠躬礼分为3种，分别是一度鞠躬、二度鞠躬和三度鞠躬。

(1) 一度鞠躬（15°）：见面打招呼，用于旅客登机和道别（见图2-44）。

(2) 二度鞠躬（30°）：敬礼，用于自我介绍，表示衷心感谢（见图2-45）。

(3) 三度鞠躬（45°）：表示歉意，用于赔礼道歉（见图2-46）。

图2-44 15°鞠躬　　　图2-45 30°鞠躬　　　图2-46 45°鞠躬

2）鞠躬的动作要求

(1) 鞠躬时要以髋关节为轴，上身前倾，头、颈、背成一条直线。

(2) 双手放在身体两侧或放于腹部。

(3) 视线随身体前倾自然向下移动。

(4) 礼毕后双眼要注视对方，面带微笑。

3）鞠躬的注意事项

(1) 两脚并拢，不要分得太开。

(2) 头放正且随着身子向下而自然向下，脖子不要伸出来。

(3) 男士戴帽子时，应脱下帽子行礼。

（4）不要一边鞠躬一边说话。

鞠躬礼练习

【活动内容】学生每 6~8 人为一组模拟行鞠躬礼，然后互相评分并填写表 2-4。

表 2-4　鞠躬礼评分表

动作规范	度数准确	表情友好	语言亲切

课后练习

简答题

（1）表情礼仪包括哪些？目光有哪些许可区间？简述三度微笑的要领。
（2）客舱乘务员的标准站姿有哪些？男女有什么区别吗？
（3）简述鞠躬礼的种类，分别用在什么时候？

项目小结

　　自从有了乘务员这个职业开始，航空公司的客舱乘务员们就一直担任航空公司形象的代言人。从迎客到送客、从起飞到降落，从安全到服务、能从头到尾陪伴旅客的就是客舱乘务员。多年后旅客们印象深刻的不是他们说了什么，而是他们潜移默化在旅客心中的形象。那客舱乘务员应具备的专业形象是什么呢？

　　通过对本项目的学习，学生们可以掌握作为一名客舱乘务员应具备的专业化形象。良好的品行与作风是良好职业形象的基石，客舱乘务员们在提升自身形象时，爱岗敬业、博学多识、包容忍耐、细心周到、团结协作等外在形象也是不可或缺的。

项目三　客舱设备应用

任务一　舱门操作

🦋 知识目标

（1）通过对 B737-800、A320、ARJ21 3 种机型舱门的学习，掌握操作舱门的注意事项。

（2）了解飞机舱门的基本结构、飞行前需要进行的项目检查及舱门操作流程中的滑梯预位、解除滑梯预位和开关舱门操作等理论知识。

🦋 能力目标

通过学习舱门操作的知识，掌握乘务员操作舱门的方法，并能在实际工作中灵活运用。

🦋 素质目标

（1）通过案例学习培养学生正确操作舱门的能力，并了解正确操作舱门的重要性。

（2）引导学生通过分析实际案例掌握舱门的操作规范，增强自身的安全意识，激发保护旅客和自身的责任感。

案例导入

滑梯包脱落事件

1. 事件经过

2014 年 9 月，某航空公司的 B737 型航班执行宁波—长沙的任务落地后，乘务员因飞行前未管理好自我作息，精神状态差、注意力不集中，导致在滑梯预位解除交叉检查时，将 L1 门的滑梯又重新预位，乘务长在开启 L1 门时滑梯包脱落。

2. 风险分析

（1）在执行舱门程序时，乘务员的注意力不集中；

（2）在执行开舱门程序时，乘务长未落实开舱门检查程序。

通过上述案例可见正确操作舱门的重要性，本项目旨在通过介绍民航客机客舱中的各种设备，使学生掌握乘务员在工作中所接触设备的使用方法，并能在服务实践工作中灵活运用。本项目以各种机型的舱门为例，讲解民航客机客舱设备的使用方法和注意事项。

一、B737-800 机型舱门

民航客机的舱门是飞机上带铰链的机构，是人们进出客舱通道的开口。对于乘务员来说，每天飞多少段航班，就有多少次的舱门开启和关闭。舱门是由很多结构构成的，因此，正确操作舱门是每位乘务员最基础也是最关键的一项工作技能。

1. B737-800 机型舱门的基本结构

如图 3-1 所示是 B737-800 机型舱门的基本结构。

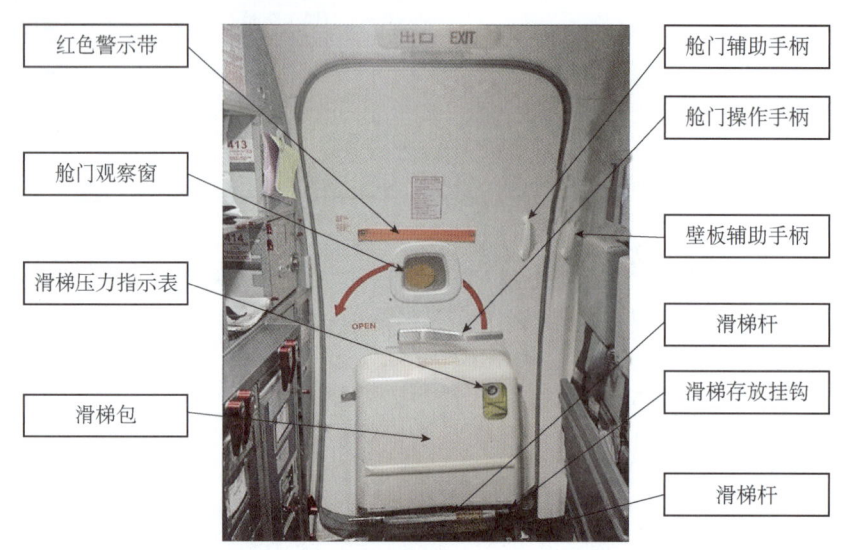

图 3-1 B737-800 机型舱门的基本结构

2. 飞行前的项目检查

在执行每次飞行任务前，乘务员都要对舱门进行详细的检查，以确保舱门处于正常状态，飞行前的项目检查如下：

（1）确认滑梯压力指示针在绿色区域内；

（2）确认滑梯在非预位状态（滑梯杆在滑梯存放挂钩内、红色警示带平扣观察窗）；

（3）确认舱门无破损。

3. 各舱门区域的责任人

以 B737-800 型飞机为例，地板高度出口有 4 个，分别是 L1 门、R1 门、L2 门、R2 门（见图 3-2），分别对应的责任人是乘务长（PS1）、3 号乘务员（SS3）、2 号乘务员（SS2）、4 号乘务员（SS4）（见图 3-3）。

4. 开关舱门 SOP（标准操作程序）

以前登机门 L1 门为例介绍开关舱门的操作程序。在开关舱门时，要求乘务员必须做到一人操作、一人检查，开关舱门的乘务员称为操作者，监督检查的乘务员称为检查者，舱门的责任人是操作者。

1）开舱门 SOP

开舱门 SOP 如下所述。

（1）操作者开舱门前检查：目测红色警示带已平行于观察窗，目测滑梯杆已存放在滑梯存放挂钩内。

（2）操作者向检查者大声确认："我即将开启舱门，请 3 号乘务员帮助确认滑梯已经完全解除。"检查者拿出检查卡检查，并依次读出所检查的内容，与操作者共同配合完成，

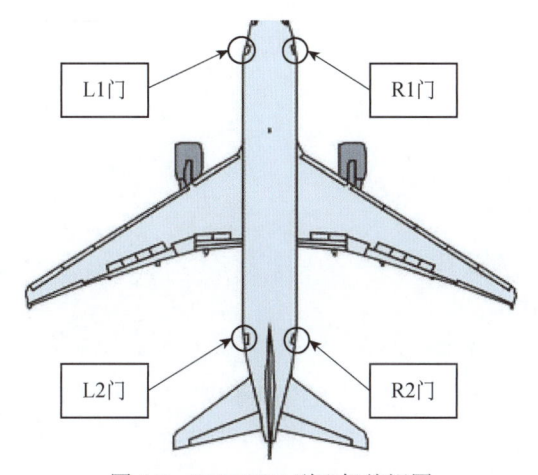

图 3-2　B737-800 型飞机俯视图

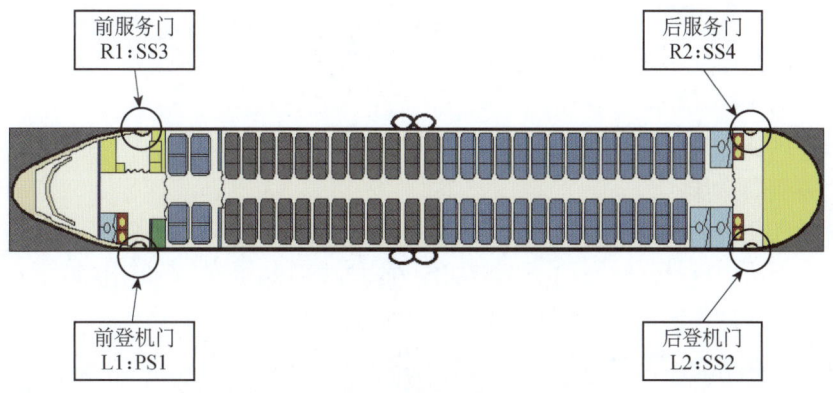

图 3-3　B737-800 型飞机内部平面图

检查内容如下。

  检查者：确认红色警示带平行于观察窗。

  操作者：确认。

  检查者：确认滑梯杆固定在滑梯存放挂钩内。

  操作者：确认。

  检查者：静默 3 秒。

  操作者静默。

  检查者：继续执行开门程序。

  操作者：实施。

  （3）开启舱门的操作方法是一只手顺着舱门操作手柄上方的箭头方向转动手柄；另一只手握住舱门辅助手柄，两只手一起向外推舱门。

  当舱门转到一定程度时，用握舱门操作手柄的手握住舱门的辅助手柄，原来握住舱门辅助手柄的手从舱门辅助手柄上移开，并顺势握住壁板辅助手柄，直至舱门完全推开，阵风锁完全锁定。若舱门外无对接物，则需要拉好阻拦绳。

2）关舱门 SOP

关舱门 SOP 如下所述。

（1）关舱门前乘务长确认：

确认本次航班人数符合舱单人数；

确认应急出口人数；

确认客舱内无外来人员；

确认航空安全员在位；

请示机长是否可以关闭舱门；

下达口令："舱门即将关闭，地勤人员请下机。"

（2）关舱门前确认舱门情况：

确认舱门四周无障碍物；

地板凹槽内无杂物。

（3）关闭舱门：

将阻拦绳收回并扣好；

按住阵风锁，待舱门拉动后再松开。

（4）关舱门操作：

一只手抓住壁板辅助手柄，另一只手握住舱门辅助手柄向内拉门；

当舱门到达门框时，将舱门操作手柄反方向旋转180°，直至舱门关好。

（5）关舱门后确认：

关舱门后确认舱门密封完好，无夹带杂物；

舱门操作手柄处于180°的水平位置。

5. 舱门预位解除操作

1）滑梯预位

滑梯预位的操作步骤如下所述。

（1）乘务长下达口令："各舱门乘务员请将滑梯预位，做交叉检查。"

（2）各舱门乘务员进行如下操作：

将红色警示带斜扣于观察窗；

将滑梯杆从滑梯存放挂钩内取出，放入地板支架内扣好；

交叉检查（对应舱门的乘务员交换位置）；

目测红色警示带斜扣于观察窗；

目测滑梯杆已存放在地板支架内，用脚轻踩确认；

乘务员检查完站在原位，由左侧至右侧依次进行汇报："L1/L2 门预位完毕""R1/R2 门预位完毕"；

后舱乘务员向乘务长汇报："预位完毕。"

2）滑梯预位解除

滑梯预位解除的操作步骤如下所述。

(1) 确认飞机已经完全停稳,发动机关闭,安全带信号灯熄灭。
(2) 乘务长下达口令:"各舱门乘务员请将滑梯预位解除,做交叉检查。"
(3) 各舱门乘务员进行如下操作:
将滑梯杆从地板支架内取出,放入滑梯存放挂钩内扣好;
将红色警示带横挂于观察窗;
交叉检查(对应舱门的乘务员交换位置);
目测红色警示带横挂于观察窗;
目测滑梯杆已固定在滑梯存放挂钩内,用脚轻踩,双手轻抬,确认卡阻力正常;
乘务员检查完站在原位,由左侧至右侧依次进行汇报:"L1/L2 门解除完毕","R1/R2 门解除完毕";
后舱乘务员向乘务长汇报:"解除完毕。"

3) 难点解析

每个舱门都有一个滑梯包和观察窗上的红色警示带。当警示带在警示位时,滑梯在预位状态(滑梯杆在地板支架内),舱门一旦开启,滑梯将自动充气(3~5 秒)。

6. 翼上紧急出口

1) 基本结构

如图 3-4 所示是 B737-800 机型翼上紧急出口的内部图。

图 3-4　B737-800 机型翼上紧急出口的内部图

2) 操作方法

操作 B737-800 机型翼上紧急出口的方法是打开透明盖板,向内、向下拉动红色操作手柄,紧急出口会向外、向上自动弹出。

3) 注意事项

紧急出口只在需要撤离的紧急情况下供应急逃生使用。由于紧急出口在客舱内,因此在正常情况下禁止开启。

7. "1+X" 考证

(1) 着陆后舱门解除预位操作口令:

发布口令者	操作者
1.从地板支架内取出滑梯杆	1.完成
2.固定在滑梯包挂钩上	2.完成
3.将红色警示带横挂于观察窗	3.完成
4.确认检查 观察滑梯杆 确认 观察红色警示带 确认	

（2）着陆后舱门开门操作口令：

发布口令者	操作者
1.确认滑梯杆固定在滑梯存放挂钩内	1.确认
2.确认红色警示带平行于观察窗	2.确认
3.确认舱门内外无障碍物	3.确认
4.逆时针转动舱门操作手柄至水平位，开门，推至阵风锁锁定	4.完成
5.拉好阻拦绳	5.完成

（3）起飞前舱门关闭操作口令：

发布口令者	操作者
1.收起阻拦绳	1.完成
2.确认舱门内外无障碍物	2.确认
3.按下阵风锁	3.完成
4.抓住舱门辅助手柄，向内拉动舱门直至完全进入门框内，顺时针转动舱门操作手柄按压至关位	4.完成
5.确认门框内无夹杂物	5.确认

（4）起飞前舱门预位操作口令：

发布口令者	操作者
1.将红色警示带斜扣于观察窗	1.完成
2.将滑梯杆从滑梯存放挂钩内取出	2.完成
3.固定在地板支架内	3.完成
4.确认检查 观察红色警示带 确认 观察滑梯滑梯杆 确认	

二、A320 机型舱门

1. A320 机型舱门的基本结构

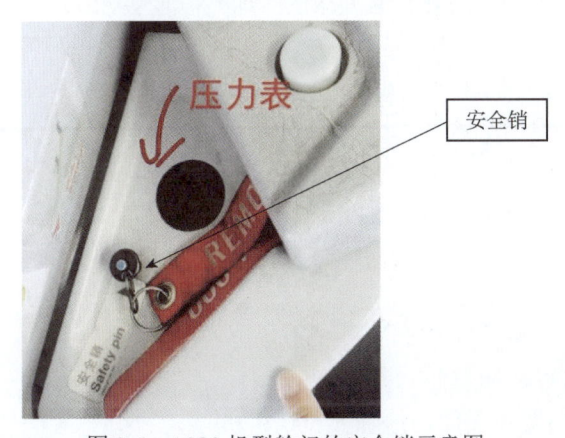

如图 3-5 所示是 A320 机型舱门的内部图，如图 3-6 所示是 A320 机型舱门的安全销示意图。

图 3-5　A320 机型舱门的内部图

图 3-6　A320 机型舱门的安全销示意图

2. 飞行前的项目检查

在每次飞行前，乘务员都要对舱门进行详细的检查，以确保舱门处于正常状态，飞行前的项目检查如下：

（1）确认滑梯压力指示针在绿色区域内；

（2）确认滑梯在非预位状态（待命把手在非待命位，红色警示带可见）；

（3）确认舱门无破损。

3. 开关舱门 SOP（标准操作程序）

在开关舱门时，要求乘务员必须做到两人监控，开舱门的乘务员称为操作者，另一名乘务员称为监控者，舱门的第一责任人即为操作者。

1）开舱门 SOP

开舱门 SOP 如下所述。

（1）开舱门前进行如下检查：

确认滑梯预位手柄在非预位位置；

确认舱门内外无障碍物；

确认廊桥已对接完毕，地面工作人员已给出可以开门的信号；

确认客舱压力警告灯交互闪亮。

（2）执行开启舱门操作：

操作者动作：手指向待命区域确认并发出口令"待命把手在非待命位、安全销在位"。

监控者动作：确认待命把手在非待命位，安全销在位无误后发出确认口令。

操作者动作：确认 CABIN PRESSURE 灯不亮，机外工作人员给出可以开门的手势后发出口令"可以开门吗"。

监控者动作：确认 CABIN PRESSURE 灯不亮，机外工作人员给出可以开门的手势后发出口令"可以开门，轻拉慢提"。

操作者动作：轻提开门手柄，停顿，确认 SLIDB ARMED 灯不亮，继续将开门手柄提至全开位，并将舱门向外向前推至阵风锁完全锁定，若无对接物则需要拉好红色警示带。

监控者动作：确认阵风锁完全锁定，若无对接物则需要拉好红色警示带。

警告：若轻提开门手柄 BISLIDB ARMED 灯亮，则应立即停止开门、压回开门手柄，并通知机长或机务人员。

2）关舱门 SOP

关舱门 SOP 如下所述。

（1）关舱门前乘务长确认舱门情况：

确认本次航班人数符合舱单人数；

确认应急出口人数；

确认客舱内无外来人员；

确认航空安全员在位；

请示机长是否可以关闭舱门；

下达口令："舱门即将关闭，地勤人员请下机。"

（2）关门前确认舱门情况：

确认舱门四周无障碍物；

确认地板凹槽内无杂物。

（3）关闭舱门：

操作者动作：手指向舱门四周和红色警示带，确认舱门内外无障碍物和杂物，收回红色警示带后发出口令"可以开门吗"。

监控者动作：确认舱门内外无障碍物、杂物，红色警示带收回无误后发出口令"可以关门"。

操作者动作：按压阵风锁使舱门解锁，一只手握住壁板辅助手柄，另一只手握住舱门辅助手柄，向门框方向拉动舱门，完全压下开门手柄、确认安全销在位后发出口令"门锁指示灯显示绿色（LOCKED）"。

监控者动作：确认开门手柄已完全压下，安全销在位，门锁指示灯显示绿色（LOCKED）后发出口令"确认"。

（4）关舱门后确认：

确认舱门密封完好，舱门四周无夹带杂物。

4. 舱门预位解除操作

1）滑梯预位

滑梯预位的操作步骤如下所述。

（1）乘务长下达口令："请各号位乘务员就位，操作滑梯预位并互检。"

（2）各舱门乘务员的操作如下所述。

操作者动作：打开保护盖（如有），拔出安全销，手指向待命把手并发出口令"待命"。

监控者动作：确认指向待命把手无误后发出口令"可以待命"。

操作者动作：将待命把手放置待命（ARMED）位置，盖上保护盖（如有），存放安全销（红色警示带不可见）并发出口令"完成待命"。

监控者动作：确认待命把手在待命（ARMED）位置，保护盖已盖好（如有），安全销已存放好（红色警示带不可见）后发出口令"确认"。

各舱门乘务员交叉检查：目测舱门已预位完毕。

各舱门负责人向乘务长汇报："R1/L2/R2 滑梯预位完毕，并互检。"

2）滑梯预位解除

滑梯预位解除的操作步骤如下所述。

（1）确认飞机已经完全停稳，发动机关闭，安全带信号灯熄灭。

（2）乘务长下达口令："请各舱门乘务员将滑梯预位解除并互检。"

（3）各舱门乘务员进行如下操作：

操作者动作：拔出安全销、打开保护盖（如有），手指向待命把手并发出口令"解除待命"。

监控者动作：确认指向待命把手无误后发出口令"可以解除"。

操作者动作：将待命把手放置在非待命（DISARMED）位置，将安全销插入插孔内使红色警示带可见，盖上保护盖（如有）后发出口令"完成解除"。

监控者动作：确认待命把手在非待命（DISARMED）位置，安全销已插好，红色警示带可见，保护盖已盖好（如有）后发出口令"确认"。

各舱门乘务员交叉检查：目测舱门已解除预位完毕。

各舱门负责人向乘务长汇报："R1/L2/R2 滑梯预位解除完毕，并互检。"

5. 翼上紧急出口

1）基本结构

如图 3-7 所示是 A320 机型翼上紧急出口内部图。

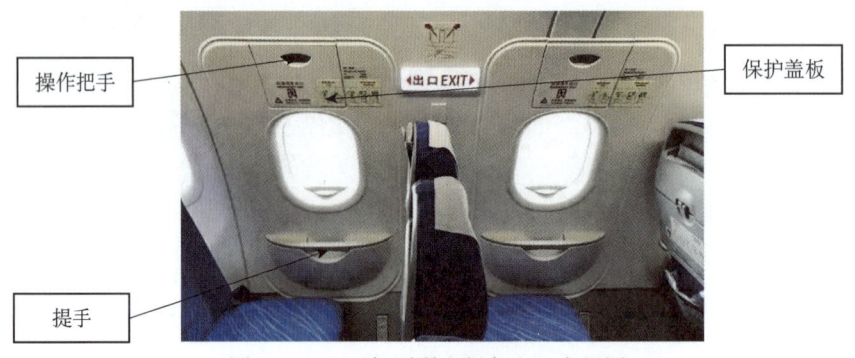

图 3-7　A320 机型翼上紧急出口内部图

2）操作方法

操作 A320 机型翼上紧急出口的方法是先打开保护盖板，再用一只手按住上方操作把手，另一只手抓住提手，两只手用力向外推，打开舱门。

3）注意事项

紧急出口只在需要撤离的情况下供应急逃生使用。由于紧急出口在客舱内，因此正常情况下禁止开启。

6."1+X"考证

（1）着陆后舱门解除预位操作口令：

发布口令者	操作者
1.将待命把手放置在 DISARMED 位置	1.完成
2.将安全销插入插孔内，红色警示带外露	2.完成
3.确认检查	3.确认

（2）着陆后舱门开门操作口令：

发布口令者	操作者
1.确认待命把手在非待命位	1.确认
2.确认舱门内外无障碍物	2.确认
3.确认客舱压力警告灯不闪亮	3.确认
4.轻抬开门手柄15°，确认滑梯预位指示灯不亮	4.完成
5.开门，推至阵风锁完全锁定	5.完成
6.拉好红色警示带	

（3）起飞前舱门关闭操作口令：

发布口令者	操作者
1. 收起红色警示带	1. 完成
2. 确认舱门内外无障碍物	2. 确认
3. 按下阵风锁	3. 完成
4. 抓住舱门辅助手柄，向内拉动舱门直至完全进入门框内	4. 完成
5. 将开门手柄下压至关位	5. 完成
6. 确认门锁指示灯显示绿色（LOCKED）	6. 确认
7. 确认门框内无夹杂物	7. 确认

（4）起飞前舱门预位操作口令：

发布口令者	操作者
1. 拔出安全销放到存放位，红色警示带不可见	1. 完成
2. 将待命把手操作至ARMED位置	2. 完成
3. 确认检查	3. 确认

三、ARJ21机型舱门

1. ARJ21机型舱门的基本结构

ARJ21型飞机共有4个出口，分别是1个登机门、1个服务门和2个应急门（见图3-8）。登机门位于客舱前部左侧，在正常情况下用于旅客上下飞机；服务门位于客舱前部右侧，在正常情况下用于客舱勤务；2个应急门位于客舱后部两侧。4个出口均配有撤离滑梯，均可从内部或外部打开，在应急撤离时均可作为应急出口。

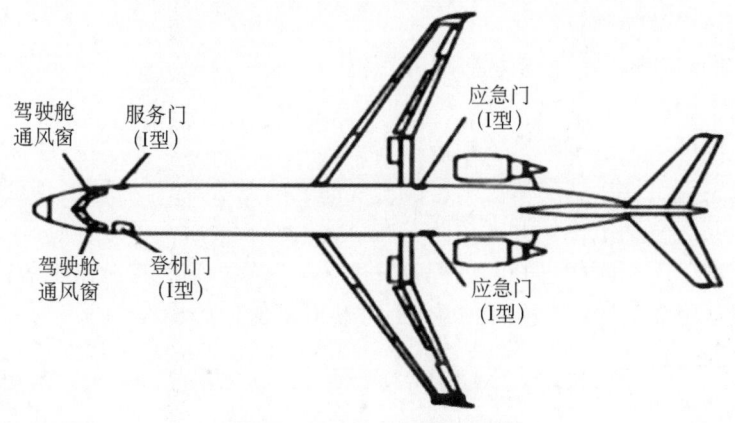

图3-8 ARJ21型飞机俯视图

ARJ21 机型舱门的内部图如图 3-9 所示。

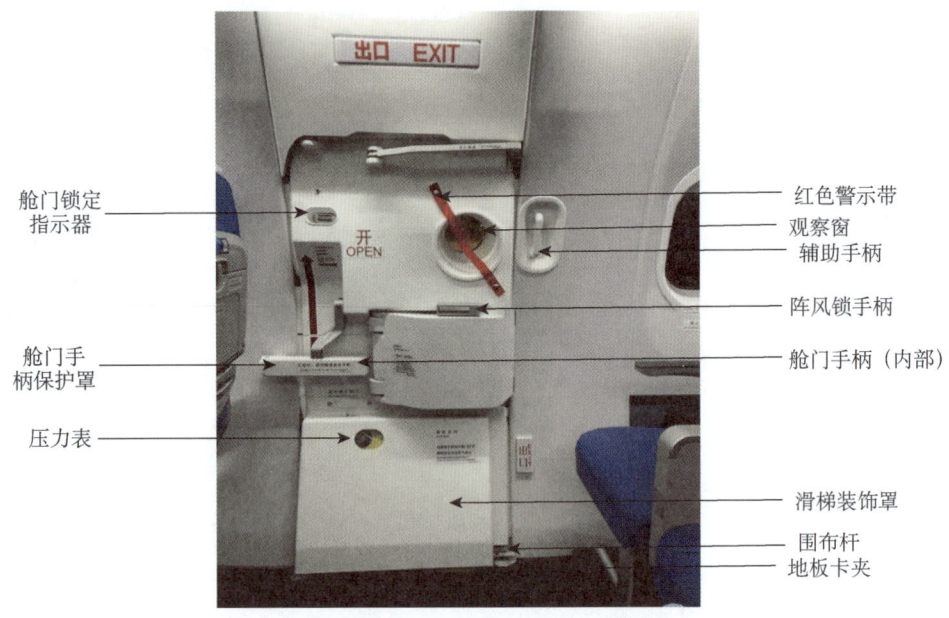

图 3-9 ARJ21 机型舱门的内部图

2. 飞行前的项目检查

在起飞前确认压力表指针位于绿色区域，滑梯可用。若压力表指针位于绿色区域外，则说明滑梯不可用；压力表有温度补偿功能，当外界温度变化时，绿色区域会随之相应移动。

3. 开关舱门 SOP（标准操作程序）

1）开舱门 SOP

（1）开舱门前进行如下检查：

确认舱门内外无障碍物，地板凹槽无杂物；

确认舱门已处于解除预位状态。

（2）执行开启舱门的操作：

确认舱门滑梯解除预位；

按箭头方向转动舱门手柄至标牌"开"位；

握住辅助手柄；

开启舱门向外推，直至阵风锁锁定。

为防止在空调组件接通的情况下可能出现的舱门无法开启的情况，应在发动机关闭后，保持增压系统自动工作，并在关断左右空调组件 5 秒后，再进行登机开启舱门的操作。在正常情况下，若舱门打开的过程中发生卡阻现象，则应将舱门手柄转回到关闭位置，与机组确认空调关闭，5 秒后，再进行登机开启舱门的操作。

2）关舱门 SOP

（1）关舱门前乘务长进行如下检查：

确认本次航班人数符合舱单人数；

确认应急出口人数；

确认客舱内无外来人员；

航空安全员在位；

请示机长是否可以关闭舱门；

下达口令:"舱门即将关闭，地勤人员请下机。"

（2）关舱门前确认舱门情况：

确认舱门四周无障碍物；

确认地板凹槽内无杂物。

（3）关闭舱门：

确认红色警示带复位；

解除阵风锁手柄；

握紧舱门手柄，将舱门向内拉，并沿着箭头的反方向旋转舱门手柄至舱门完全关闭；

使红色警示带处于提示位；

准备进行滑梯预位。

（4）关舱门后确认舱门密封完好，舱门四周无夹带杂物。

4. 舱门预位解除操作

1）滑梯预位

滑梯预位的操作步骤如下所述。

（1）乘务长下达口令:"请各舱门乘务员就位，操作滑梯预位并互检。"

（2）各舱门乘务员进行如下操作：

将红色警示带斜扣于观察窗（警示位置）；

将围布杆从保持架上拿下并卡入地板卡夹；

各舱门乘务员交叉检查：目测滑梯已经预位完毕；

各舱门负责人向乘务长汇报。

2）滑梯预位解除

滑梯预位解除的操作步骤如下所述。

（1）确认飞机已经完全停稳，发动机关闭，安全带信号灯熄灭。

（2）乘务长下达口令:"请各舱门乘务员将滑梯预位解除并互检。"

（3）各舱门乘务员进行如下操作：

将围布杆从地板卡夹中取出；

将围布杆放置在保持架上；

将红色警示带复位（非警示位置）；

交叉检查：目测滑梯已经解除预位完毕；

各舱门负责人向乘务长汇报。

5. 注意事项

（1）ARJ21型飞机只有4个机舱门，无翼上出口。

（2）飞机前部左侧为登机门，右侧为服务门，飞机后部两个机舱门均为应急门，两个应急门的滑梯始终处于预位状态。

课后习题

1. 单选题

（1）B737-800 型飞机舱门的基本结构包括（　　）。

A. 红色警示带、观察窗、滑梯压力指示表、滑梯包、舱门辅助手柄、舱门操作手柄、壁板辅助手柄、滑梯杆、滑梯存放挂钩、地板支架

B. 观察窗、舱门控制手柄、舱门辅助手柄、滑梯包、滑梯压力指示表、滑梯杆和地板支架

C. 滑梯预位警示带、观察窗、滑梯压力指示表、滑梯杆和地板支架

D. 滑梯包、滑梯压力指示表、滑梯杆和地板支架

（2）B737-800 型飞机舱门进行滑梯预位的流程是（　　）。

A. 将红色警示带平放于观察窗上，再将滑梯杆放入地板支架内，各舱门乘务员交叉检查

B. 将红色警示带平放于观察窗上，再将滑梯杆放入门区支架内，各舱门乘务员交叉检查

C. 将红色警示带斜扣于观察窗上，再将滑梯杆放入地板支架内，各舱门乘务员交叉检查

D. 将红色警示带斜扣于观察窗上，再将滑梯杆放入门区支架内，各舱门乘务员交叉检查

2. 判断题

A320 型飞机的舱门没有滑梯压力指示表。（　　）

任务二　机上厨房设备

知识目标

通过对机上厨房设备的学习，掌握机上厨房设备的操作方法和注意事项，以及其使用原理和适用情况。

能力目标

掌握乘务员在工作中使用机上厨房设备的方法，并能在实际工作中灵活运用。

素质目标

（1）通过学习机上厨房设备的操作方法和注意事项，了解正确操作机上厨房设备的重要性；

（2）引导学生通过对实际案例的分析明确规范操作的重要性，从而提高安全意识。

案例导入

案例一

1）事件经过

某航班在大连出港，在地面准备期间、乘务员烤餐时，前舱烤箱内发出闷响，烤箱门弯曲变形，检查发现烤箱内有 2 个爆裂的气罐杀虫剂。

2）风险分析

乘务员对烤箱检查不仔细、不彻底、走过场，导致混入篦子架子内的异物（杀虫剂）未被发现，异物连同餐食一同烘烤，引发极大的安全隐患。

案例二

1）事件经过

2020 年 5 月，某航空公司航班在落地前 40 分钟时，后舱的 3 号烤箱冒烟，乘务组立即组织灭火处置，后续飞机安全落地。

2）风险分析

乘务员对本事件处理及时，未造成严重事故，但是对烤箱的监控和检查还需仔细严谨，以防后患。

通过上述案例可见正确操作机上厨房设备的重要性，本任务将以 B737-800 型客机为例，向大家介绍机上厨房设备的使用及注意事项。机上厨房设备主要包括厨房控制面板、烤箱、热水器、烧水杯、咖啡机、冷水管、集水槽等。每次在进行航前检查时，乘务员只有逐一确认设备的完好性和可用性，才能使餐饮服务得到良好的保证。

一、厨房控制面板

1. 厨房控制面板装置

如图 3-10 所示是 B737-800 型飞机的厨房控制面板，图中方框内的介绍顺序为从左至右。

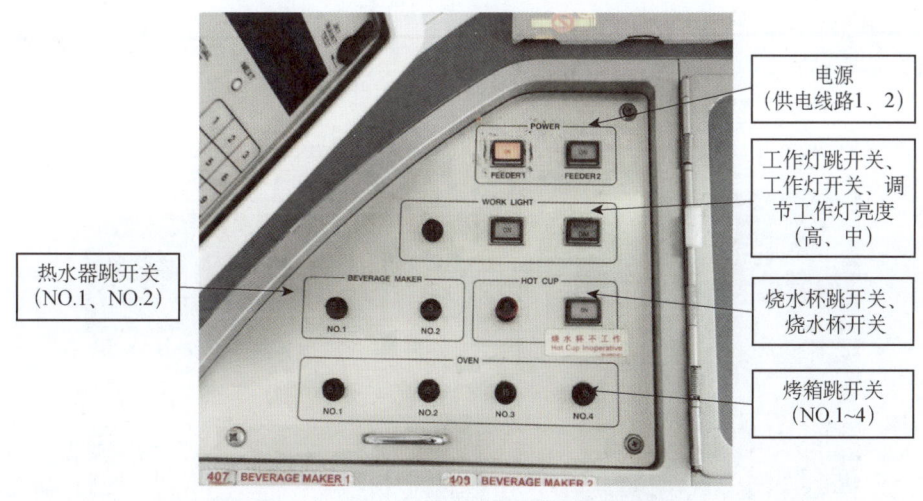

图 3-10　B737-800 型飞机的厨房控制面板

2. 注意事项

(1) 使用时指示灯亮。

(2) 拔起按钮可切断电源。

(3) 短路时跳开关自动跳出。

（4）若跳开关跳出，则不可复位（任何机型的飞机）。

3. 跳开关的使用方法

当厨房设备发生安全事故时，厨房设备对应的跳开关会自动跳出，若没有自动跳出，则乘务员应当将跳开关拔出，等待机务人员来维修设备。

4. 跳开关的相关规定

电源跳开关在飞机的电气系统中执行一种双重功能，主要功能是提供保护。当与一个跳开关相连接的线路出现故障时，跳开关会自动跳出，同时断开电源。

（1）当某一个或多个电源的跳开关自动跳出时，乘务员禁止将跳开关复位，必须向飞行机组报告所有的电气故障和失效情况，并填写《客舱记录本》。如果乘务员错误地重新按下已经跳出的跳开关可能会进一步恶化电气故障，并且增加其他设备发生故障的风险。

（2）为避免在设备失火时由于不熟悉跳开关位置而耽误切断电源的时间，乘务员在直接准备阶段完成各项工作后，应尽快了解厨房各种设备跳开关的位置，特别是烤箱等跳开关的位置。

（3）如果厨房电源整体断电且无跳开关跳出，那么应将情况报告机长，并填写《客舱记录本》。

二、烤箱

烤箱是飞机上用于加热、烘烤旅客餐食的设备，但是飞机上烤箱的型号并非全部一致，且操作方法略有不同，可是其性质相同，此处介绍两种飞机上常用的烤箱。

1. 蒸汽式烤箱

1）基本结构

如图 3-11 所示是蒸汽式烤箱的外观和控制面板。

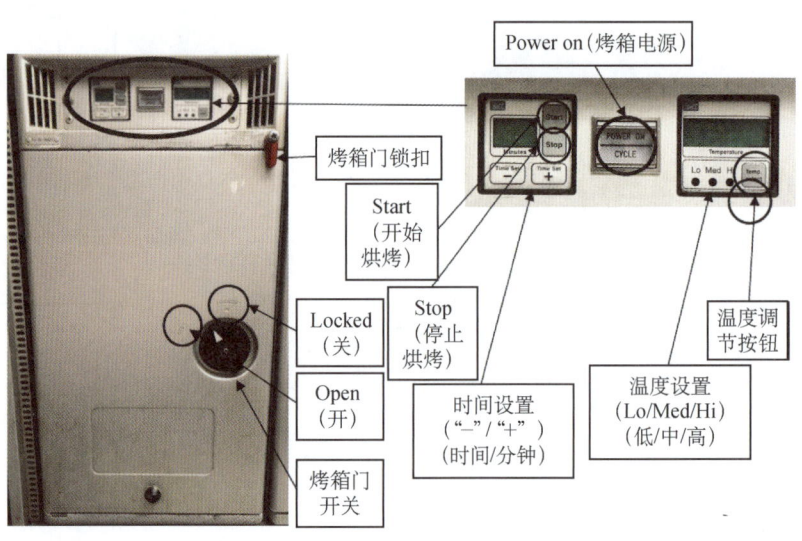

图 3-11 蒸汽式烤箱的外观和控制面板

2）使用方法

（1）烤餐的操作步骤如下：

将烤箱门关闭，旋钮旋转到关闭位（Locked），即白色箭头朝上；

将烤箱门锁扣关闭（向下扳动至垂直状态）；

按下控制面板中间的"Power on"键，打开烤箱电源；

使用按键"-"和"+"调节烘烤时间，时间一般设置为15～20分钟；

使用控制面板右边的温度调节按钮调节烘烤温度（低/中/高），通常设置为中温；

按控制面板左边的"Start"键开始烘烤。

（2）关闭烤箱的操作步骤如下：

烘烤时间结束后，烤箱会发出"滴滴滴"的声音提示；

先按下控制面板左边的"Stop"键停止烤餐；

再按下中间的"Power on"键关闭烤箱。

3）注意事项

（1）每次加热之前必须确认烤箱内除餐食外无其他物品。

（2）烤箱内无餐食时最多可空烤3分钟以保证餐食口感，不可长时间空烤。

（3）一般情况下将加热温度设定为Med（中温）。

（4）应充分利用笢子摆放餐食，确保每份餐食之间都留有空隙，以便餐食能均匀受热。

（5）烤箱门关闭后，应确认锁扣正常，避免在起飞或下降时弹开。

（6）当烤箱内放满餐食时，要注意小心开门，以防餐食滑落。开门时也不要离得太近，防止温度过高，引起烫伤。

（7）若烤箱或餐盒内有干冰，则必须将干冰取出后再加热。

（8）在飞机起飞和下降过程中不得使用烤箱。

（9）如果烤箱故障，那么应报告客舱乘务长，并填写《客舱维修记录本》。

2. 非蒸汽式烤箱

1）基本结构

非蒸汽式烤箱与蒸汽式烤箱的区别在于控制面板和操作方法，如图3-12所示是非蒸汽式烤箱的控制面板。

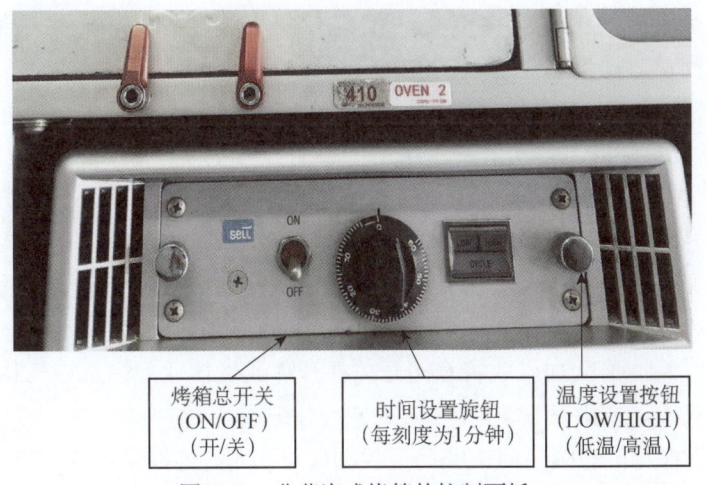

图3-12 非蒸汽式烤箱的控制面板

2）使用方法

（1）烤餐的操作步骤如下：

将烤箱门关闭，旋钮旋转到关闭位（Locked），即白色箭头朝上；

将烤箱锁扣关闭（向下扳动至垂直状态）；

将烤箱总开关扳至 ON 位；

将控制面板中间的时间设置旋钮旋转至要烘烤的时间；

按控制面板右边的温度设置按钮设置烧烤温度（LOW/HIGH 两个档位），一般使用低温烘烤，直接按键即可调节两个档位。

（2）关闭烤箱的操作步骤如下：

烘烤结束以后烤箱会发出一声"叮"以作提示，此后只需将烤箱总开关扳至 OFF 位即可关闭烤箱。

3）注意事项

（1）每次加热之前必须确认烤箱内除餐食外无其他物品。

（2）烤箱内无餐食时最多可空烤 3 分钟以保证餐食口感，不可长时间空烤。

（3）如果烤箱内或餐盒内有干冰，那么必须将干冰取出后再加热。

（4）当烤箱内放满餐食时，要小心开门，以防餐食滑落，不要离烤箱太近，防止温度过高，引起烫伤。

（5）应充分利用篦子摆放餐食，以便餐食能均匀受热。

（6）当烤箱只有两个温度档位可调节时，一般出于安全角度考虑会选用低温烘烤。

3. 机上烤箱使用说明

（1）需要加热餐食时，需由两人确认（厨房乘务员 SS3 或 SS2 和乘务员 PS1 或 SS4 共同确认）烤箱内无杂物。

（2）由厨房乘务员（SS2 或 SS3）向乘务长（PS1）汇报，需要使用烤箱烤餐。

（3）在得到乘务长（PS1）的同意口令后，启动烤箱电源，开始烤餐，并全程监控。

三、热水器

飞机上的热水器是通过连接飞机上的水箱给机上旅客提供可饮用的热水的。热水器的款式多样，操作方法也略有不同，但性质相同。

1. 基本结构

如图 3-13 所示是机上热水器基本结构示意图。

2. 使用方法

（1）打开开关，热水器会自动烧水。

（2）如果在正常烧水状态，那么状态灯 1 处于点亮状态，烧水结束后自动熄灭。

（3）若状态灯 2 点亮（红色），则说明水箱没水，或者热水器内有气体未排出。此时不能空烧，需联系清洁队加水或将水阀开关打开释放气体，加完水或气体释放出去后，状态灯自动熄灭。

（4）将红色水龙头的阀门向上或向下扳动即可出水，再扳至水平位置即可停止出水。

图 3-13 机上热水器基本结构示意图

3. 注意事项

（1）热水器内没水时，切记不能空烧，会引起机械故障。

（2）热水器烧开的水的温度在 80℃ 左右，注意防止烫伤。

（3）为旅客提供的水，水温适中，一般是由冷水和热水以 3∶1 的比例兑成的，在为儿童旅客提供热水时，应当交由其监护人。

（4）当发生机械故障时，乘务员应当断开电源、拔出跳开关，等待机务维修，不要擅自触碰维修按钮。

4. 使用步骤

（1）乘务员在确认可以打开热水器后，直接打开开关即可。

（2）待烧水完成后，按压水龙头即可出热水，注意热水温度很高，极易引发烫伤，需要提前在容器中加入冷水。

（3）使用完后，可关闭开关。

四、烧水杯

烧水杯用于烧煮开水，可自行注入纯净水烧煮。一般将烧水杯置于前、后厨房的水槽旁边（见图 3-14）。

1. 烧水杯的航前检查

使用烧水杯前应确认烧水杯内无异物。

2. 使用方法

（1）将烧水杯装五分之四的水插在电源插座上，压下锁扣，将水杯锁住。

（2）旋转定时器或打开开关，接通电源，显示灯亮。一般情况下，5~10 分钟即可将水烧开。水烧开后，先关闭电源，再拔下烧水杯。

3. 注意事项

（1）禁止空烧烧水杯。

（2）严禁带电插拔。

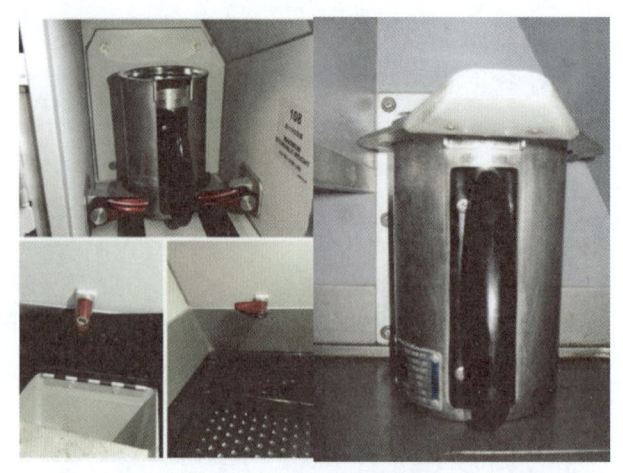

图 3-14　烧水杯位置图示

（3）烧水杯无自动断电装置，接通电源后，应随时监控烧水杯的工作状态，避免长时间处于沸腾状态以致烧水杯内的水烧干。

（4）航后应将烧水杯放于原位，避免烧水杯丢失。

五、咖啡机

1. 控制面板

咖啡机的控制面板由电源键（ON/OFF）、"WATER IS HOT"灯、热水键（HOT WATER）、冷水键（COLD WATER）、注水键（BREW）、注水完成灯（BREW READY）和"NO WATER OUT OF ORDER"灯组成（见图 3-15）。

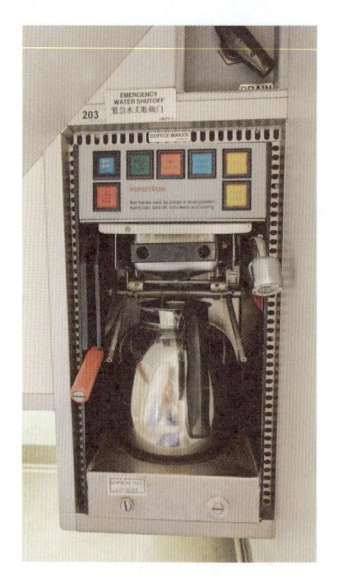

图 3-15　咖啡机控制面板图示

2. 使用方法

（1）将咖啡壶置于咖啡机内，并将固定手柄按压到位。

（2）按压电源键，咖啡机自动开始加热，加热 5 分钟后"WATER IS HOT"灯亮。

(3）按压注水键后，热水自动注入咖啡壶内，待注水完成灯亮 15 秒后，可自动停止注水，注满水耗时约 4 分钟。
(4）按压热水键/冷水键，咖啡机右侧的出水口可自动流出热水/冷水。
3. 注意事项
(1）若长时间不使用咖啡机，则应关断电源，避免保温垫板空烧。
(2）咖啡机有过热保护装置，当水温过热时，电源将自动切断。
(3）水箱内的水量不足或压力不足时，"NO WATER OUT OF ORDER"灯亮。

六、冷水管和集水槽

如图 3-16 所示是冷水管和集水槽图示。冷水管前后厨房各一个，用于清洗物品（禁止饮用）。集水槽前后厨房各一个，位于冷水管下方。集水槽内禁止倒入牛奶、果汁、咖啡等，以免堵塞。

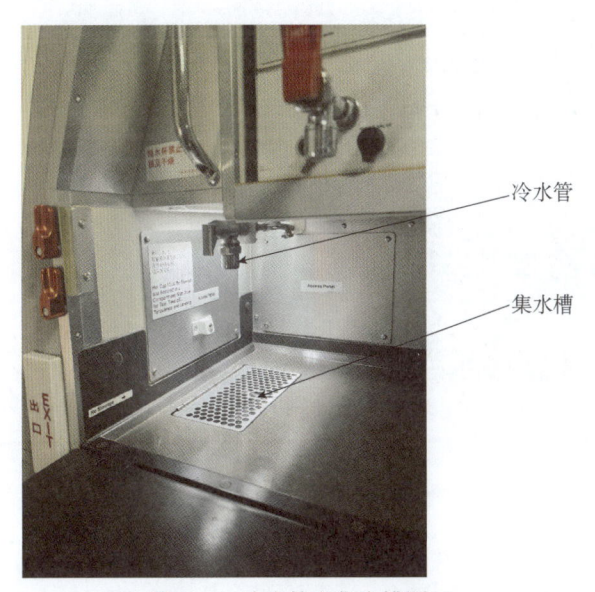

图 3-16　冷水管和集水槽图示

七、厨房供水关断阀门

飞机上的每个厨房均安装有供水关断阀门（见图 3-17），一般位于厨房的顶部或底部，也有一部分在格子内。将阀门置于 OFF 位时，厨房供水中断。
1. 使用方法
(1）开关指向 ON 位时，阀门打开。
(2）开关指向 OFF 位时，阀门关闭。
2. 注意事项
正常情况下，乘务员无须触碰开关阀。

八、餐车
1. 存放位置
如图 3-18 所示 是 B737-800 型飞机后厨房餐车位示意图。

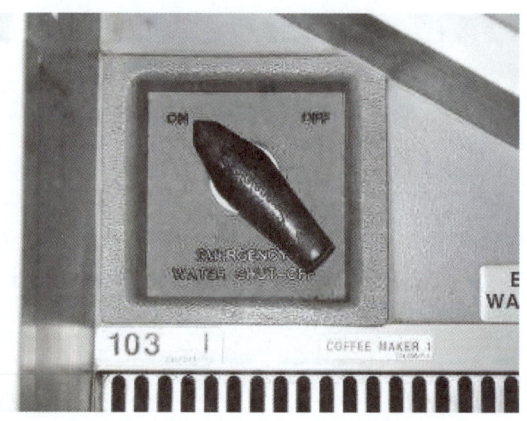

图 3-17　厨房供水关断阀门图示

图 3-18　B737-800 型飞机后厨房餐车位示意图

2. 餐车种类

1）全餐车

如图 3-19 所示是全餐车图示。

名称	容量（抽屉）	长度（cm）	宽度（cm）	高度（cm）
全餐车	14 个	81	30.5	103

图 3-19　全餐车图示

2）半餐车

半餐车长度是全餐车长度的二分之一（见图3-20）。

名称	容量（抽屉）	长度(cm)	宽度(cm)	高度(cm)
半餐车	7个	43	30.5	103

图 3-20　半餐车图示

3. 餐车锁扣

1）餐车固定锁扣

如图 3-21 所示是餐车固定锁扣图示，用于将餐车固定在餐车位内。

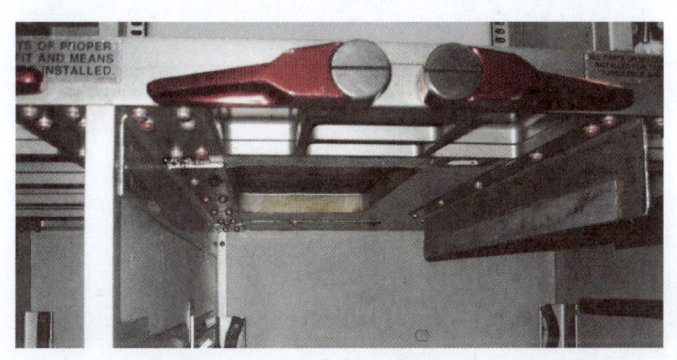

图 3-21　餐车固定锁扣图示

2）餐车位内部锁扣

如图 3-22 所示是餐车位内部锁扣图示，用于在没有半餐车车位时，通过固定半餐车后部将使其固定在餐车位内。

4. 餐车使用的注意事项

（1）飞机在地面移动、起飞和着陆期间，餐车应被固定在其收藏位置，即餐车位内，踩好刹车。

（2）对于没有刹车的餐车或不能被固定的餐车，应通知客舱供应部门予以更换；对于两侧刹车皆有故障的车辆严禁使用。

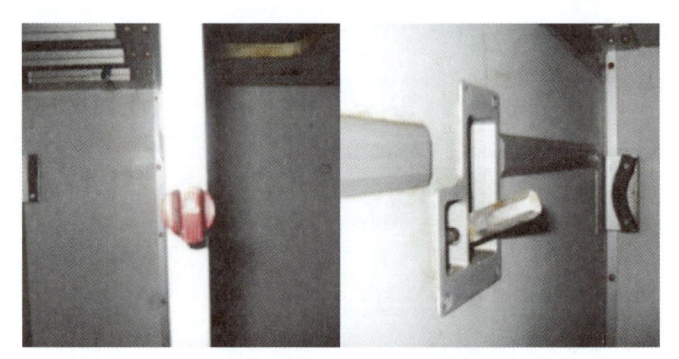

图 3-22　餐车位内部锁扣图示

（3）餐车推出客舱时，必须有人看管，只要餐车在客舱中停留，就必须踩好刹车。

（4）每次使用完餐车后都必须将其收藏固定好。

（5）航程中餐车若有刹车失效、车门变形无法锁闭等故障，乘务员则需将故障餐车记录，并停止使用，航后按保修流程进行通报。

（6）起飞、下降和安检期间，同样需检查餐车锁扣是否扣好并固定餐车。

5. 对餐车等物品的管控

（1）餐饮服务前，确认热饮温度并确定厨房台面无浮动物品，车位中的餐车及储物格均被固定且锁扣扣好，被拉出车位准备服务的餐车已踩好刹车并与舱门保持距离。

（2）客舱中推拉餐车前，确认过道通畅，旅客的手臂或大腿没有伸在过道处，推拉餐车时注意轻拉、轻推。

（3）在客舱中停置的餐车应踩好刹车，并确保时刻有人看管餐车，做到人不离车。

（4）保护驾驶舱所用的餐车应即用即收，不可长时间停留在服务间，以防止颠簸导致磕碰。

九、储物格

1. 位置

如图 3-23 所示是 B737-800 机型后厨房储物格位置示意图。

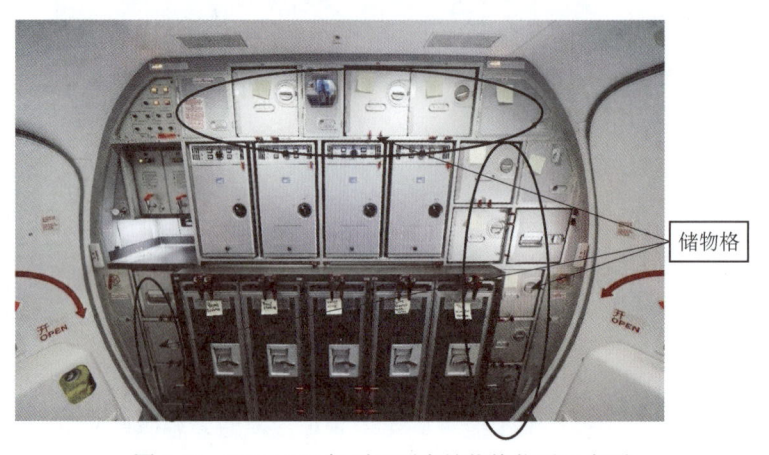

图 3-23　B737-800 机型后厨房储物格位置示意图

2. 储物格的种类

储物格分为可移动格子和固定格子。

1）可移动格子

可移动格子可以将整个格子拿出和放入（见图 3-24）。

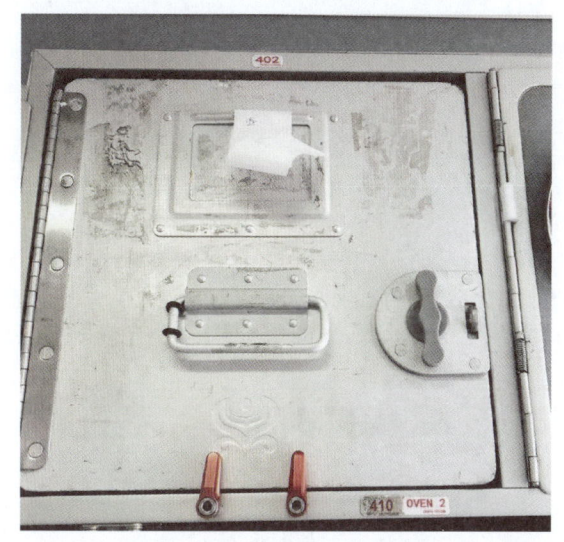

图 3-24　可移动格子示意图

2）固定格子

固定格子固定在厨房的壁板内，只能通过打开格子门的方式放入或拿取物品（见图 3-25）。

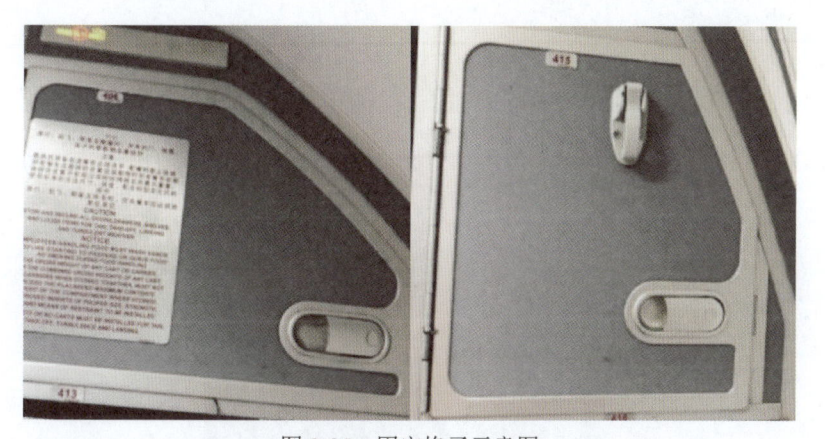

图 3-25　固定格子示意图

3. 使用储物格的注意事项

（1）无论哪种储物格，只要其附有红色锁扣，在起飞、下降、安检和不使用的情况下，都要随手扣好，以防滑落。

（2）使用储物格时要根据"下重上轻"的原则来存放物品，即靠下的储物格存放饮料等重物，靠上的储物格存放重量轻的物品，以防意外滑落引起砸伤。

（3）航程中应关好储物格门并锁好锁扣。

十、厨房电源插座

1. 用途

用于外接电器,提供 10 A/115 V/400 HZ 的外接电源(见图 3-26)。

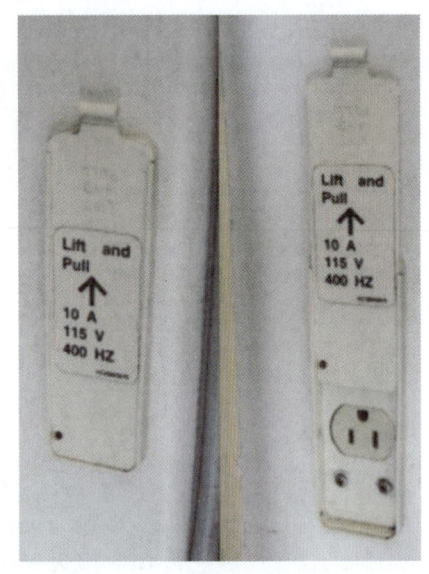

图 3-26　厨房电源插座示意图

2. 注意事项

因为厨房电源插座的电压不稳定,所以一般不用于连接手机电源以防损伤手机电池。

十一、乘务员座椅

1. 位置

乘务员座椅位于厨房内部,紧贴于后壁板,拉开座椅后,坐垫呈 90°(见图 3-27)。

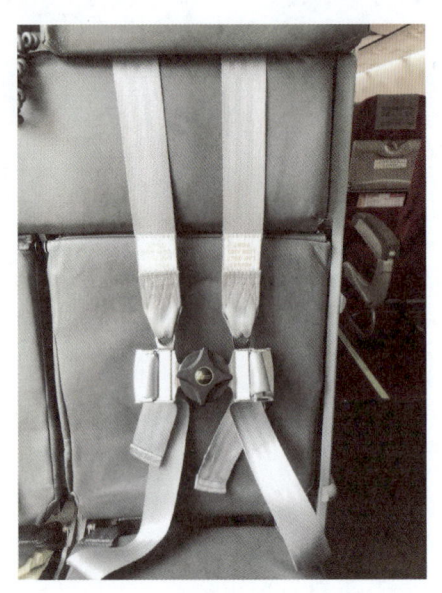

图 3-27　乘务员座椅示意图

2. 结构

乘务员座椅有 4 条安全带、2 条肩带和 2 条腰带，其中左右两侧的肩带和腰带相连接，腰带的一端连接锁扣，另一端连接扣子，乘务员就座后，将扣子扣入锁扣中，即可扣好安全带。

3. 注意事项

（1）应待安全带指示灯熄灭后，再旋转锁扣解开安全带。

（2）离开座位，扣好安全带后，座椅自动收起，乘务员需用手轻扶。

十二、垃圾箱

1. 位置

如图 3-28 所示是 B737-800 机型后厨房垃圾箱位置示意图。

图 3-28 B737-800 机型后厨房垃圾箱位置示意图

2. 用途

用于放置机上的垃圾。

3. 注意事项

（1）不使用时保持垃圾箱盖关闭。

（2）不能丢入烟头等易燃物品。

（3）厨房和洗手间应都配备垃圾箱。

（4）不能在客舱通道和应急出口存放垃圾。

（5）不得将液体直接倒入垃圾箱内，咖啡、牛奶、果汁等不能直接倒入服务间的漏水槽。

（6）垃圾的分类按照目的地所在国的要求处理。

课后习题

1. 多选题

（1）使用烧水杯时的注意事项包括（　　）。

A. 禁止空烧烧水杯

B. 严禁带电插拔

C. 烧水杯无自动断电装置，接通电源后，随时监控烧水杯的工作状态，避免长时间处于沸腾状态导致水杯内的水烧干

D. 航后应将烧水杯放于原位，避免烧水杯的丢失

（2）以下关于烤箱的注意事项中哪些是正确的（　　）。

A. 烤箱内无餐食时最多可空烤 3 分钟以保证餐食口感，不可长时间空烤

B. 通常情况下将加热温度设定在高温

C. 若烤箱内或餐盒内有干冰，则必须将干冰取出后再加热

D. 在飞机起飞、下降的过程中可以使用烤箱

2. 判断题

（1）没有刹车的餐车或不能被固定的餐车，应通知客舱供应部门予以更换，对于两侧刹车皆故障的餐车严禁使用。（　　）

（2）餐车推出客舱时，必须有人看管，只要餐车在客舱中停留，就必须踩好刹车。（　　）

（3）在不使用垃圾箱时，垃圾箱盖可以保持开着。（　　）

（4）若烤箱内或餐盒内有干冰，则必须将干冰取出后再加热。（　　）

（5）使用烤箱时，无须注意利用箅子摆放餐食，随意摆放即可。（　　）

（6）烧水杯在使用前应确认烧水杯内无异物。（　　）

（7）烧水杯使用完毕后无须归位，随意摆放即可。（　　）

任务三　灯光、通信系统及旅客服务系统

知识目标

通过对机上灯光、通信系统及旅客服务系统的学习，掌握其操作方法和注意事项。

能力目标

通过学习机上的灯光通信系统及旅客服务系统，掌握其使用方法，并能在实际工作中灵活运用。

素质目标

培养学生正确操作机上灯光、通信系统和旅客服务系统的能力，了解正确操作的重要性。

本任务将介绍客舱灯光分布的位置及其操作方法、客舱中的通信系统，以及旅客服务系统。客舱由白炽灯和荧光灯提供照明。安装于行李架上方及旅客服务单元和侧窗之间的侧壁荧光灯用于客舱的共用照明。白炽灯为舱顶照明的一部分，在夜航时使用。本任务以 B737-800 机型为例介绍机上的灯光、通信系统及旅客服务系统。

一、乘务员控制面板及灯光调控

乘务员控制面板位于机上的前舱服务间和后舱服务间内，样式根据机型各有不同，功能大致一样。

1. 前舱乘务员控制面板

前舱乘务员控制面板在 L1 门乘务员的座椅处。如图 3-29 所示是前舱乘务员控制面板图示，控制面板上的常用开关包括入口灯开关、工作灯开关、客舱顶灯开关和客舱侧窗灯开关。

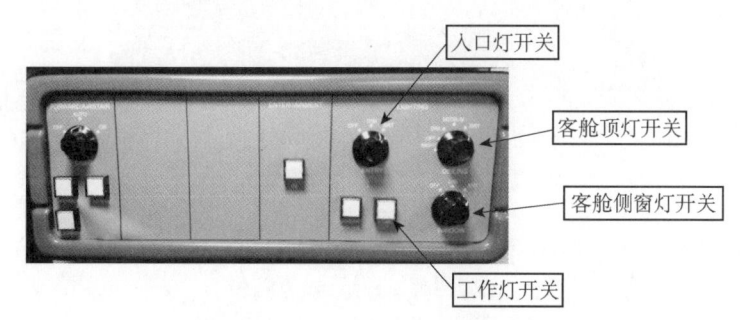

图 3-29 前舱乘务员控制面板图示

（1）入口灯（ENTRY LIGHT）开关，有 3 个档位可供调节，分别为：

明亮（BRT）——将入口灯调亮，同时打开门槛灯；

暗亮（DIM）——将入口灯调暗；

关（OFF）——将入口灯关闭。

（2）工作灯（WORK LIGHT）开关，在任何情况下，服务间内的工作灯都要保持常亮状态，即在 ON 位。

（3）客舱顶灯（CEILING LIGHT）开关，客舱顶灯由位于前舱的乘务员控制面板的五位开关控制，分别是：

夜间（NIGHT）——将位于舱顶的荧光灯打开至最低档；

关（OFF）——将位于舱顶的灯光关闭；

暗亮（DIM）——将位于舱顶的荧光灯打开至低档；

中亮（MEDIUM）——将位于舱顶的荧光灯打开至中档；

明亮（BRT）——将位于舱顶的荧光灯打开至最高档。

（4）客舱侧窗灯（WINDOWS LIGHT）开关，有 3 个档位可供调节，分别为：

关（OFF）——将所有侧窗灯关闭；

暗亮（DIM）——将所有侧窗灯打开至低档；

明亮（BRT）——将所有侧窗灯打开至最高档。

此外，前舱乘务员控制面板上还有自备梯操作开关和地面电源开关。地面电源开关由地面机务人员使用，乘务员需确认其在 OFF 位。

2. 后舱乘务员控制面板

1）按钮式控制面板

如图 3-30 所示是按钮式后舱乘务员控制面板，控制面板上包括入口灯开关、工作灯开关、水表、污水表和应急灯开关。

（1）入口灯（ENTRY LIGHT）开关，有 3 个档位可供调节，分别为：

明亮（BRT）——将入口灯调亮，同时打开门槛灯；

暗亮（DIM）——将入口灯调暗；

关（OFF）——将入口灯关闭。

图 3-30 按钮式后舱乘务员控制面板

（2）工作灯（WORK LIGHT）开关。
（3）水表，水表有 E、1/4、1/2、3/4、F 这 5 个档位。
（4）污水表，水位应在最低两格，否则需要进行排污。
（5）应急灯（EMERGENCY LIGHT）开关，有护盖保护。

2）触屏式控制面板

触屏式控制面板分为两个模式，分别是灯光（Lighting）模式和环境（Environment）模式。

（1）如图 3-31 所示是触屏式后舱乘务员控制面板的灯光模式，该模式下的控制面板分为客舱灯光区、前服务间灯光区和后服务间灯光区。

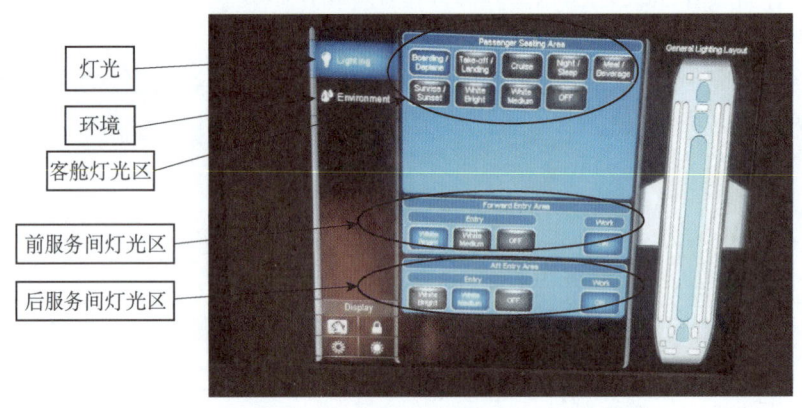

图 3-31 触屏式后舱乘务员控制面板—灯光模式

客舱灯光区（从上至下、从左至右的顺序）：登机灯光（Boarding/Deplane）、起飞灯光（Take-off/Lending）、平飞灯光（Cruise）、夜航灯光（Night/Sleep）、用餐灯光（Meal/Beverage）、日出日落灯光（Sunrise/Sunset）、白灯高（总灯）（White Bright）、白灯中（总灯）（White Medium）、白灯关（总灯）（Off）。

前服务间灯光区（从左至右）：前服务间灯光（White Bright /White Medium/ Off）、前服务间工作灯（Work）。

后服务间灯光区（从左至右）：后服务间灯光（White Bright /White Medium/ Off）、后服务间工作灯（Work）。

注意事项：在任何情况下，服务间内的工作灯都要保持常亮状态，即在 ON 位。

（2）如图 3-32 所示是触屏式后舱乘务员控制面板的环境模式，该模式下的控制面板分为清污水区和后舱温度控制区。

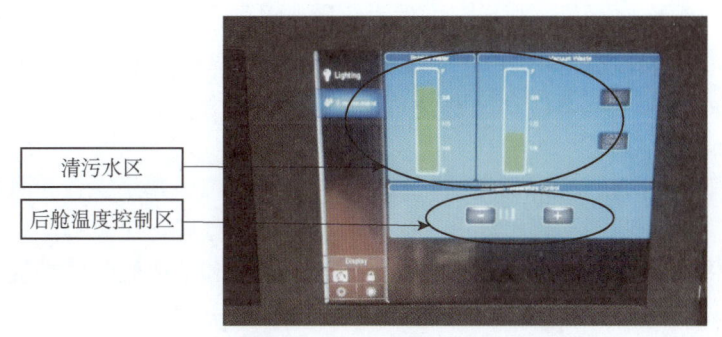

图3-32 触屏式后舱乘务员控制面板—环境模式

清污水区（从左至右的顺序）：清水水量（Potable Water，饮用水）、污水水量（Vacuum Waste，真空垃圾）。

后舱温度控制区（Aft Cabin Temperature Control）："－""＋"为调节温度按钮。

（3）触屏式后舱乘务员控制面板还包括应急灯开关和屏幕模式选择区（见图3-33）。

图3-33 触屏式后舱乘务员控制面板—总览图

应急灯开关（EMERGENCY EXIT LIGHTS）：仅在紧急情况下使用，每次航前检查时需检查应急灯光，应使其保持在待位状态。

屏幕模式选择区（Display）：常处于锁屏模式，当控制面板在锁屏状态下时，连贯敲击屏幕对角线，即可解锁屏幕。

3. 灯光调控

除上述介绍的灯光调控外，机舱内还包括以下灯光调控。

1）衣帽间灯

飞机上的每个衣帽间里都有灯。

2）应急灯光

（1）应急灯光系统为出口位置提供方位指示，为飞机内部出口和外部出口提供照明。

（2）在正常情况下，应急灯光系统由位于驾驶舱的开关控制，飞行前置于预位（ARMED）。在预位时，如果所有电力中断，那么所有内部应急灯和外部应急灯都将自动照明。只要将驾驶舱应急灯开关置于"开"的位置，飞行员可随时打开应急灯。无论驾驶舱开关在何位置，乘务员都可用后舱乘务员控制面板上的开关打开应急灯。

3）内部应急灯

（1）内部应急灯由门、过道、逃生路线、出口灯和发光的出口标志组成。

（2）紧急逃生路线灯装在地板上，距过道左侧边缘约 20 英寸。当灯亮时，如果地板 4 英寸以上的光源均被遮蔽，那么它可为紧急撤离提供视觉帮助和指示。紧急逃生路线灯的电力由电池提供，可持续约 10 分钟。同时，行李架上的应急灯为过道提供照明。

（3）以电池为动力的出口灯位于每个客舱出口处。

4）外部应急灯

（1）外部应急灯为逃生滑梯提供照明。这些应急灯位于每个入口和服务门的后部，为滑梯底部区域提供照明。当滑梯充气时，应急灯自动打开，照亮滑梯。

（2）机身每侧都装有 3 个应急灯，为地上逃生路线和地面联络区提供灯光照明。

5）手电筒

手电筒储藏在每个乘务员座椅附近。这些高强度电筒从行李架上取下时会自动亮起。电池不可充电。

二、通信系统

1. 客舱内话/广播系统

客舱内话/广播系统用于驾驶舱与乘务员之间、乘务员与乘务员之间的通话及乘务员对客舱的广播（见图 3-34）。

图 3-34　客舱内话/广播系统

1）使用方法

从话筒支架上取下话筒（听到拨号音），拨打所要呼叫站点的号码或呼叫类型，即可进行客舱内话呼叫。当某乘务员的工作岗位收到呼叫时，乘客广播系统响起双音铃声，同时粉色的客舱内话机组呼叫灯亮。当接通话筒（从支架上取下）或手选呼叫"重接"（RESET）时，粉色的客舱内话机组呼叫灯熄灭。

（1）与驾驶舱联系：按数字键 2 即可通话。

（2）前舱乘务员与后舱乘务员联系：按数字键 5 即可通话。

（3）对客舱进行广播：按数字键 8，并按下"按键通话"（PTT—PUSH TO TALK）键不松开即可对客舱进行广播。

2）注意事项
（1）广播系统主要用于对指定的客舱进行广播。
（2）话筒安装在驾驶舱和每个乘务员的座位旁。
（3）广播的先后顺序是机长广播、乘务员广播、预录广播、录像广播、登机音乐。
（4）每次使用话筒之前和使用之后都要按 RESET 键，重置内话机，并将内话机复位。
（5）上机后需检查客舱内话/广播系统的工作状况。
（6）广播时不可吹或拍打话筒。
（7）广播中需停顿时，必须松开送话键。
（8）广播完毕后可先按重置键，再将内话机复位，以免有噪声进入客舱。
（9）除特殊情况外，不要使用机组全体呼叫，否则会影响驾驶舱工作。

2. 客舱呼叫系统

客舱内的呼叫显示灯安装在飞机前后入口走廊顶棚上方的应急出口指示灯上（见图 3-35），各呼叫显示灯的颜色、铃声、解除方法如下所述。

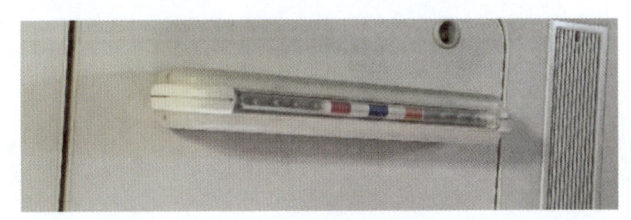

图 3-35 呼叫显示灯

（1）机组呼叫乘务员时，呼叫显示灯最左侧的红色灯亮，铃声为双音铃声，按客舱呼叫系统控制板上的重接（RESET）按钮即可解除呼叫。
（2）乘务员之间进行呼叫时，呼叫显示灯最左侧的红色灯亮，铃声为双音铃声，按客舱呼叫系统控制板上的重接（RESET）按钮即可解除呼叫。
（3）乘务员呼叫机组时，呼叫显示灯不亮，驾驶舱内的蓝灯闪亮并伴随单音铃声。
（4）旅客呼叫乘务员时，呼叫显示灯中间的蓝色灯亮，铃声为高音铃声，按呼叫旅客座椅上方亮起的呼唤铃按钮即可解除呼叫。
（5）洗手间呼叫的铃声为单音铃声，呼叫显示灯最右侧的琥珀色灯亮。

3. 洗手间呼叫系统

洗手间呼叫系统用于洗手间内旅客对乘务员的呼叫。呼叫开关位于洗手间洗手池橱柜上方的内墙上，按此开关可在洗手间呼叫乘务员。

旅客在洗手间内按呼叫开关后，相应的洗手间门外壁呼叫显示灯最右侧的琥珀色灯亮，铃声为单高音铃声。按下琥珀色显示灯即可解除呼叫。

三、旅客服务系统

1. 旅客服务系统操作面板

旅客服务系统操作面板位于客舱内每排座位的上方，每个操作面板上都安装有阅读灯、通风口、呼唤铃、"禁止吸烟"信号灯和"系好安全带"信号灯，以及广播扩音器、氧气面罩（见图 3-36）。

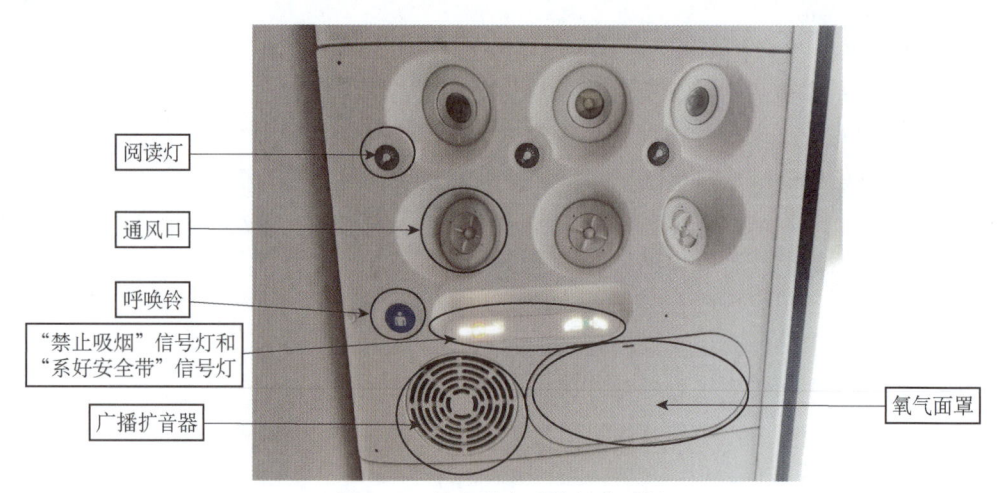

图 3-36 旅客服务系统操作面板

1）阅读灯

每个座位都有独立的阅读灯和阅读灯按钮，旅客可以自主操作。旅客可以自行调节阅读灯照射的角度，直接转动阅读灯方向即可。

2）通风口

每个座位都有独立的通风口，旅客可以自主操作。转动通风口上的旋钮即可打开或关闭通风口，左右旋转通风口可以调节风向和风速。

3）呼唤铃

呼唤铃包括两个部分，呼唤铃按钮及呼唤铃灯，安装在旅客座椅上方的 PSU 面板上。呼唤铃分为两种：分体式和一体式。分体式为呼唤铃按钮与呼唤铃灯在 PSU 面板的两端各有一套，按下任意一个呼唤铃按钮后，面板上的两个呼唤铃灯会同时亮起。

4）"禁止吸烟"信号灯和"系好安全带"信号灯

操作"禁止吸烟"信号灯和"系好安全带"信号灯的方式有两种，人工控制或自动控制。如果机长选择自动控制，那么所有信号灯在起落架放下时会亮起。起飞后和起落架收起时，"禁止吸烟"信号灯熄灭。当襟翼完全缩回时，"系好安全带"信号灯熄灭。落地过程中，襟翼降低或起落架放下时，"系好安全带"信号灯亮起，起落架展开时，"禁止吸烟"信号灯亮起。每次信号灯亮起或熄灭时都会发出一声低音钟声。

5）广播扩音器

客舱在进行广播时，广播扩音器会自动出声。

6）氧气面罩

氧气面罩发出的方式有 3 种，分别是自动方式、电动方式和人工方式。在正常情况下，不得擅自打开氧气面罩储存箱，需听从乘务员的指挥。

（1）自动方式。

当客舱失压后，氧气面罩储藏箱的门自动打开，氧气面罩自动脱落。

（2）电动方式。

当自动方式失效时，可以由飞行机组操作驾驶舱内的旅客供氧电门。

（3）人工方式。

当自动方式和电动方式都无法打开氧气面罩储藏箱的门时，可使用尖细物品，如氧气面罩释放工具、笔尖、别针、发夹等打开氧气面罩储藏箱的门，使氧气面罩脱落（除了 B787-800 机型）。

当自动方式和电动方式都无法打开 B787-800 机型氧气面罩储藏箱的门时，乘务员可以轻轻拉动储藏箱的门，如果仍无法打开，那么可以拉出测试按钮，将其旋转 180° 后按下按钮，使氧气面罩脱落。

2. 悬窗

悬窗也叫观察窗，除了供旅客欣赏机外风景，还有一个非常重要的作用，即观察飞机外部的情况。悬窗由两部分组成，分别是玻璃和遮光板（见图 3-37）。

1）玻璃

悬窗的玻璃共有 3 层，里面一层为有机玻璃，外面两层为抗压玻璃，靠里层的抗压玻璃上有小型通气孔。

2）遮光板

民用机场要求飞机在起飞和下降时应打开遮光板。

图 3-37 悬窗

3. 旅客座椅

如图 3-38 所示是旅客座椅图示，座椅坐垫可以取下，座椅下面的口袋内放有救生衣，座椅上有两条可以对扣起来的安全带，旅客在飞机起飞、下降和颠簸时都必须系好安全带。

座椅的扶手上装有座椅调节按钮，按下按钮人向后靠，可以使座椅靠背向后倾斜 15° 左右，再次按下调节按钮座椅靠背可复位，座椅靠背在起飞和下降的过程中必须调直。紧急出口外的座椅靠背不能调节。每个座椅靠背上都备有枕巾，发生火灾时可用浸湿的枕巾捂住口鼻逃生。

经济舱座椅靠背后有小桌板、杯架（可折叠收起），头等舱座椅的小桌板在不使用时收纳在座椅扶手里。

图 3-38　旅客座椅图示

4. 行李架

行李架纵贯整个客舱，分为悬挂斗式（见图 3-39）和固定箱式（见图 3-40），可放置毛毯、枕头及手提行李，也可放置应急设备。每个行李架均设有最大限载标识。

1）使用方法

行李架中有一组锁扣，盖板锁扣外连一个开启手柄，向外扳动开启手柄可以打开行李架。在关闭行李架时，要确认锁扣扣紧、锁好。部分飞机行李架下部边缘处有凹槽，在飞机颠簸时作为扶手来使用。行李架两侧有旅客座位标识，供旅客对号入座。

图 3-39　悬挂斗式

图 3-40　固定箱式

2）注意事项

（1）不能放置超过限重的行李。

（2）不可放置尖锐、光滑、坚硬的物品。

（3）行李架仅在旅客登机和下机时打开，其余时间必须关闭，关闭好后不得有包带、绳子等物体外露。

课后习题

1. 单选题

乘务员之间的内话，应按（   ）。

A. 2 号键

B. 5 号键

C. 8 号键

D. 8+PTT 键

2. 判断题

在使用客舱内话系统时，除特殊情况外，不要使用机组全体呼叫，否则会影响驾驶舱工作。（   ）

任务四　音频及视频系统

知识目标

通过对机上音频及视频系统的学习，掌握操作音频设备和视频设备的注意事项。

能力目标

通过学习机上的音频及视频系统，掌握正确操作音频设备和视频设备的方法，并能在实际工作中灵活运用。

素质目标

（1）通过学习机上的音频设备和视频设备的操作方法，培养学生操作机上设备的能力，并明确正确操作机上设备的重要性。

（2）引导学生养成严谨操作机上音频设备和视频设备的意识，激发学生的责任感，培养学生爱岗敬业的精神。

音乐及预录广播控制面板位于飞机左前舱门乘务员的座椅上方，用于播放预录信息和音乐。不同机型的飞机上视频设备的位置不同，一般位于前舱衣帽间或后舱行李架上方，乘务员应依据航空公司要求播放相应视频。

不同机型的音频及视频系统都会有很大的差异，本任务仍以 B737-800 型飞机为例介绍机上音频及视频系统的操作及注意事项。

一、音频设备

如图 3-41 所示是 B737-800 型飞机的音频设备。

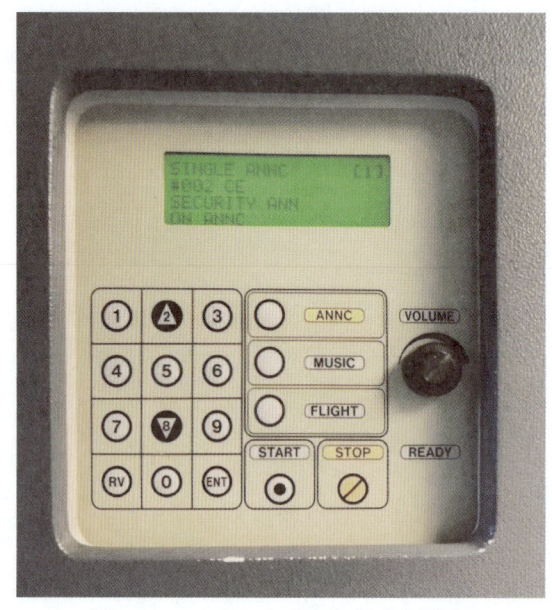

图 3-41　B737-800 型飞机的音频设备

1）位置

B737-800 型飞机的音频设备位于前舱乘务员面板的上方,音频系统包括两个模块,分别为预录广播和音乐播放。航空公司会提前录制相应的广播,包括服务广播和应急广播,如欢迎词、火灾处置、施压处置、应急撤离等广播词。音乐包括登机音乐、轻音乐及其他特色音乐。乘务员需根据具体情况播放相应的音乐或广播。

2）使用方法

（1）使用音频设备时先按 MUSIC 键或 ANNC 键,再选择对应的序号,并将音量调至最小,按下 START 键后,再逐渐调大音量。

（2）关闭音频设备时,应先关闭音量,再按 STOP 键。

3）注意事项

（1）乘务员登机后应进行设备检查。

（2）在飞机降落的过程中,不能使用音频设备。

（3）一般服务广播由人工进行播报,不使用预录广播。

（4）旅客在登机时,优先播放音频。

二、视频设备

如图 3-42 所示是 B737-800 型飞机视频设备总览图。

1）位置

B737-800 型飞机的视频设备具有航线地图功能和视频播放功能,一般储藏在后舱行李架或前舱衣帽间的上方。视频设备一般至少包括两台录像机和一台视频播放器,一台视频播放器分管一号机（见图 3-43）和二号机（见图 3-44）。

图 3-42　B737-800 型飞机视频设备总览图

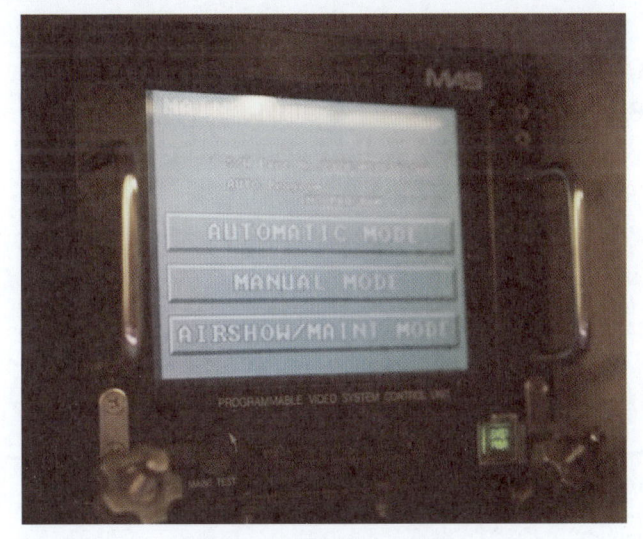

图 3-43　视频设备一号机

图 3-44　视频设备二号机

2）使用方法

使用航线地图功能的操作步骤如下：

（1）按系统控制装置（PVSCU）上的系统电源键（SYSTEM POWER），进入主菜单

（MAIN MENU）；

（2）按"MANUAL MODE"键进入人工模式菜单；

（3）按"RESET SCREEN"键重置菜单屏幕；

（4）按"ZONE1""ZONE2"或"ALL ZONE"键选择播放区域；

（5）按"1 VRU"或"2 VRU"键选择视频播放器；

（6）按"小喇叭"键接通客舱广播系统；

（7）按"航线图"键和"OK"键；

（8）按"ALL EXEC"键播放录像；

（9）录像播放完毕，按"ALL STOP"键，所有显示屏自动收起并复位。

使用视频播放功能的操作步骤如下：

（1）按系统控制装置（PVSCU）上的系统电源键（SYSTEM POWER），进入主菜单（MAIN MENU）；

（2）按"MANUAL MODE"键进入人工模式菜单；

（3）按"RESET SCREEN"键重置菜单屏幕；

（4）按"ZONE1""ZONE2"或"ALL ZONE"键选择播放区域。

（5）按"1 VRU"或"2 VRU"键选择视频播放器；

（6）按"小喇叭"键接通客舱广播系统；

（7）按"PA VOLUME"键调整音量；

（8）按"OK"键进入下一级菜单；

（9）按"ALL EXEC"键播放录像。

（10）录像播放完毕，按"ALL STOP"键，所有显示屏自动收起并复位。

3）注意事项

（1）每次播放视频前，需要核对并准备好光盘。

（2）应根据航空公司要求播放视频。

（3）视频播放器需在飞机起飞和落地前收起。

（4）飞机起飞和着陆时不能使用视频播放器。

（5）客舱乘务长负责管理机上的视频设备。

（6）飞机在起飞滑跑开始至起落架收起，以及着陆前起落架放下至落地后滑跑结束期间应收起视频播放器。

（7）涉及客舱安全的预录广播应按照航程各阶段的要求按顺序播放。

（8）客舱广播的优先顺序为驾驶舱广播、客舱广播、预录广播、录像、机上音乐。

课后习题

1. 单选题

（1）飞机上的音频设备一般位于（　　）。

A. 前舱乘务员控制面板上方

B. 后舱乘务员控制面板上方

C. 前舱乘务员厨房内

D. 后舱乘务员厨房内

（2）在旅客登机时，优先播放（　　）。
A. 视频
B. 音频
C. 什么都不放

2. 判断题

客舱广播的优先顺序为驾驶舱广播、客舱广播、预录广播、录像、机上音乐。（　　）

项目小结

本项目主要介绍了飞机客舱设备的基本构造、使用方法和应用，旨在让学生掌握机上设备的操作方法和注意事项，并能在实际工作中灵活运用。在学习中培养了学生爱岗敬业和团队协作的能力，激发了学生的责任感。

项目四　普通舱服务

任务一　预先准备阶段

- **知识目标**

掌握乘务员预先准备阶段的工作要求。

- **能力目标**

能够根据航班任务完成乘务员预先准备阶段的网上准备和个人准备。

- **素质目标**

根据航前预先准备阶段的工作要求，充分体会乘务员之间协同合作的重要性，从而树立责任担当意识。

案例导入

某航空公司乘务员小王在公司网站上看到自己第二天的飞行计划是从 A 地飞往 B 地，起飞时间是 8 点，她应该如何完成预先准备呢？

俗话说，良好的开端是成功的一半。预先准备阶段是乘务员工作 4 个阶段的起始阶段，是指乘务员接受航班任务后至登机的过程。充分的预先准备是保障客舱安全和服务质量的关键。预先准备由网上准备、个人准备、乘务准备会和机组协同会组成。

一、网上准备

网上准备是指乘务员在规定的时间内完成公司网站上或手机 APP 上的预先准备。主要内容有了解航班时刻、航线信息、航班任务，以及学习相关业务文件。

1. 网上准备

所有执行次日航班的客舱乘务员，都需要在规定的有效时间内登录公司的运行控制系统完成网上准备。网上准备的步骤如下：

（1）打开客舱网，输入工卡号和密码，进入客舱网首页。

（2）打开乘务准备系统。

（3）点击我的准备。

（4）选择准备内容：航班任务及航班动态、航线资料、飞机状况、飞行安全、餐饮配备、业务通告、乘客信息、乘务员信息、应急处置程序、熟悉各号岗位职责和区域职责、留言查看和本人留言、网上考试、航站天气、其他乘务员准备情况等。

2. 记录航班信息

将网上准备的内容记录在飞行记录本上，对航班任务做好预先准备。需要记录的内容如下：
(1) 机场名称、三字代码、飞行时间、飞行距离与高度；
(2) 重要旅客人数、特殊旅客人数；
(3) 特殊餐食种类及数量；
(4) 执行航班飞机机型的应急设备和服务设备；
(5) 执行国际航班所途经国家及地区海关、边防、移民局对检疫的相关规定。

二、个人准备

个人准备是乘务员按照航班形象规范要求进行仪容仪表准备，穿着航空公司统一下发的制服和配饰，一般包括帽子、大衣、风衣、外套、衬衣、套裙、西裤、丝巾、领带、领带夹、皮带、皮鞋、姓名牌等。此外，个人准备还包括资料准备。

1. 服饰及配件准备

制服干净无污渍，皮鞋保持光亮。制服熨烫平整、无皱痕，衬衣束于裙或西裤内。制服完好无脱线，衣扣、拉链完好无缺损，丝袜无勾丝、皮鞋无破损。

2. 妆容准备

乘务员的妆容要按照航空公司要求保持清新靓丽，符合职业形象（见图4-1）。

（1）女性乘务员要求粉底、口红、眼影、胭脂等妆面与肤色协调，眉形柔和，眼线浓淡适度，妆面不夸张；短发不得短于3寸，刘海不过眉，盘发者要求发髻光洁；可使用清新宜人的香水。

（2）男性乘务员要求头发干净整洁、长度适中、不得短于1厘米，前不遮耳，后不遮领，发型自然，无头屑；剃净胡须，保持面部皮肤滋润。

（3）乘务员执行航班时不得佩戴造型夸张的饰品和手表；双手保持清洁无污物，不留指甲，指甲保持洁净；值勤前不得饮酒、抽烟和吃气味较重的食品，应保持口气清新。

图4-1 乘务员标准形象图示

3. 资料准备

乘务员在接受航班任务后，还需进行如下准备：

（1）证件：身份证、中国民航空勤登机证、航空人员体检合格证、乘务员训练合格证、中华人民共和国护照（国际航线）和港澳通行证等。

（2）资料：乘务员手册、广播词、应急安全操作手册、航线资料。

（3）物品：手电筒、手表、框架眼镜、备份眼镜、便签、笔、开关器、剪刀、围裙、化妆包、牙具、针线包、休息卡（爱心卡）、平底鞋、备份丝袜等。

此外，乘务长还需要准备乘务长药盒、《F/C舱餐饮单》、信纸、《机上重大事件报告单》、放大镜、《爱心陪伴卡》（带信封）、生日卡、应急医疗设备和药品使用知情书、紧急医学事件报告单等。

三、乘务准备会

1. 签到

在规定的时间内完成航班任务的签到记录，并进行酒精测试，如图4-2所示是空勤酒测签到一体机。乘务准备会由各航班乘务长负责召开。

具体签到时间根据航空公司基地要求及距离确定：

（1）国内签到时间为90～120分钟。

（2）国际签到时间为120～160分钟。

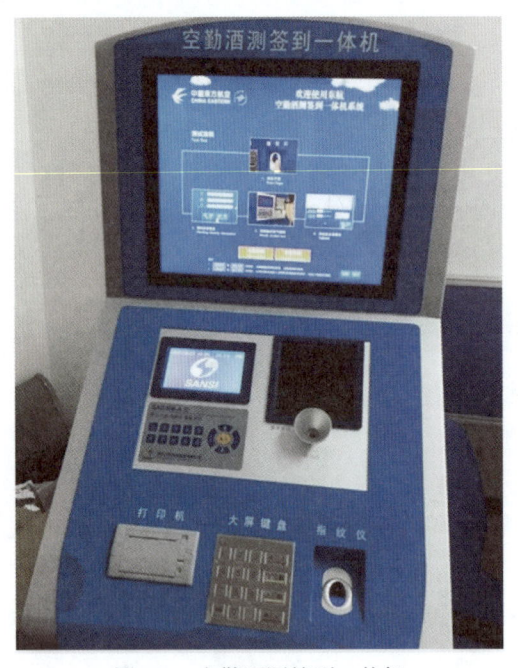

图4-2　空勤酒测签到一体机

2. 时间分配

航前乘务准备会的时间分配情况如下：

（1）总时间25分钟左右；

（2）基础准备8分钟；

（3）安全准备 8 分钟；
（4）服务准备 7 分钟；
（5）传达业务信息 3 分钟；
（6）补充说明 8 分钟。

3. 内容

乘务准备会的内容包括：
（1）检查乘务员的着装及专业化形象；
（2）检查乘务员的证件是否齐全有效；
（3）检查乘务员随身携带物品是否齐全；
（4）检查乘务员的个人准备情况；
（5）对航班任务进行岗位分工，合理部署航班工作；
（6）拟定服务程序，提出服务要求；
（7）回顾与航班安全相关的知识点；
（8）检查乘务员对应急设备分布、使用及应急处置程序的准备情况；
（9）重申危险品处置程序；
（10）复习空防应急预案。

四、机组协同会

机组协同会是乘务组与飞行组在执行航班任务之前的协作沟通会，一般协同内容包括以下几个方面：
（1）查看任务书，核对信息；
（2）飞行组讲解航路的天气情况，对航班任务提出相关工作要求；
（3）对在特殊情况和应急情况下的沟通方式和处置方法做出要求；
（4）温习与空防安全相关的要求。

课后习题

简答题
（1）简述个人准备的内容。
（2）简述乘务准备会的内容。
（3）简述预先准备阶段与航班运行的关系。

任务二 直接准备阶段

知识目标

了解航前直接准备阶段中准备和清舱、设备检查及客舱检查的内容和工作要求。

能力目标

（1）掌握直接准备阶段的工作流程。
（2）掌握各号位客舱检查的具体工作内容。
（3）掌握机上应急设备和服务设备的检查要求和方法。

素质目标

（1）通过对航前直接准备阶段工作内容的学习，明确乘务员在客舱服务工作中的角色与定位。

（2）通过对机上应急设备和服务设备检查要求的学习，培养学生的职业素养及爱岗敬业的精神。

一、准备和清舱

直接准备阶段是指乘务员登机后至旅客登机前的准备工作过程。乘务员要根据各自号位的职责，严格按照规定完成各项工作，做好旅客登机前的准备工作。

1. 放置个人物品

乘务员登机后应按照各自舱位放置个人物品，如飞行箱、过夜袋、手拎包等。具体要求如下：

（1）女性乘务员飞行拎包需放置在固定储物格内，禁止放置在可移动储物格、餐车及行李架内；

（2）空中保卫人员应根据派遣需求将飞行箱放置在自己座位上方的行李架内；

（3）乘务员飞行箱存放位置的顺序依次为衣帽间、有挡板的餐车位、行李架（根据飞机布局）。

2. 航前客舱清查

航前客舱清查是为了确保飞机上无任何外来物品、不明物体和不该放置在该处的物品，航前客舱清查的要求包括：

（1）乘务组上机后必须对服务间内的所有储物柜/格、餐车及餐车位、应急设备的存放处和任何可能放置外来物品的地方进行清查（见图4-3）。

图4-3 服务间图示

（2）乘务组上机后必须对客舱内行李架、旅客座椅及座椅前排杂志存放处、救生衣存放处、地板和任何可能放置外来物品的地方进行清查。如图4-4所示，为清查客舱行李架。

图4-4　清查客舱行李架

（3）乘务组上机后必须对洗手间内的储物暗格、擦手纸卡槽、洗手池下方和任何可能放置外来物品的地方进行清查。

二、设备检查

机上各类设备的完好状况直接影响空中安全服务的质量，对设备进行全面检查是乘务员登机后的首要责任，乘务员登机后要根据各自号位的职责对负责区域应急设备的数量及待用状态、客舱服务设备的完好状态、客舱的清洁状况进行全面检查，并向乘务长汇报。

1. 应急设备的检查

乘务员应该检查《客舱记录本》中的故障维修情况，各号位的乘务员要对责任区域内的氧气瓶、海伦灭火瓶、水灭火瓶、PBE（防护式氧气面罩）、手电筒、救生衣、ELT（应急定位发射器）、应急医疗药箱、急救药箱、卫生防疫包、安全须知卡、出口座位须知卡、扩音器、洗手间自动灭火系统、烟雾报警器等机上应急设备进行检查，确定应急设备数量及待用状态，若发现缺失、破损、被使用过等情况，要及时报告乘务长，并及时更换设备。

2. 服务设备的检查

机上的服务设备包括旅客服务组件及娱乐系统、旅客的座椅靠背、小桌板、厨房设备、洗手间内的物品等。对服务设备的检查主要包括以下几个方面。

（1）测试娱乐系统的视频和音频效果，测试客舱照明系统、阅读灯、呼唤铃、视/音频调节组件的状态，检查录像节目是否齐全。

（2）检查旅客座椅靠背是否可以正常调节，检查小桌板、脚踏板设施状态是否正常。

（3）检查厨房配电板是否正常；检查烤箱、烧水杯、烧水器等设备是否正常；检查厨房内备份箱及餐车位的固定装置是否正常；检查餐车的刹车装置是否正常，储物格是否变形，垃圾箱的盖板是否正常；检查下水槽是否畅通；检查示范演示用品的设备数量及质量，确认所有物品都在备用状态。

（4）检查：洗手间内的卫生用品是否齐全（包括擦手纸、卷纸、香水、洗手液、马桶垫纸、女性用品、清洁袋、固体空气清新剂等）；检查马桶抽水系统是否正常；检查垃圾箱及马桶盖板是否正常；检查洗手池设备是否正常。

三、各号位的客舱检查

乘务员要按照各号位分工对航班配备的各类机供品进行清点、核查、签收、报告和准备。根据《机供应品服务用具配备、回收单》，清点内容如下：正常餐食、特殊餐食的数量是否正确，供应品、冰块、餐具、报纸杂志、机上销售品等是否齐全，冰镇啤酒、干白等酒类是否齐全，服务供应品（餐具）的种类和数量是否与单据上一致。

案例导入

某航班旅客预订了一份无糖餐，乘务员在餐食交接单上看到了无糖餐的配备记录，认为该份餐食已经配送上机，就没有对餐食的配备情况进行再次确认。航班起飞后，乘务员在进行供餐前准备时发现，旅客预订的餐食没有配送上机，由于乘务员交接的疏忽，致使旅客预订的餐食漏配。由于无糖餐的制作条件特殊，乘务员无法在航班上为旅客制作，使旅客非常不满意，因此对此航班提起投诉，对航空公司的声誉造成影响。

此外，各号位的客舱检查还包括对客舱内的卫生检查。
1）客舱区域的卫生检查
对客舱区域的卫生要求如下（见图4-5）。

图4-5 客舱区域卫生检查

（1）地板、通道干净整洁，无杂物及纸屑。
（2）安全带摆放整齐，头片干净、整洁。
（3）行李架、壁板、旅客服务组件干净无明显污痕。
（4）遮光板表面干净无污渍。
（5）座椅扶手、旅客小桌板干净无污渍。
（6）《安全须知卡》、清洁袋等物品齐全并摆放整齐。
（7）储物柜无杂物，并且干净、整洁。
（8）服务用品如毛毯、枕头等干净、整洁。

2）厨房区域的卫生检查

对厨房区域的卫生要求如下。
（1）服务间地板、服务台面、壁板和储物柜干净、整洁。
（2）烤箱干净，无油渍、无异物。
（3）垃圾箱里的垃圾袋已更换。

3）洗手间区域的卫生检查

对洗手间区域的卫生要求如下。
（1）马桶、水池、地板、镜子、台面干净整洁、无水渍。
（2）洗手液和护手霜齐全，并摆放在指定位置。
（3）垃圾桶内的垃圾袋已更换。
（4）擦手纸、卷纸已补全并折成三角形。

四、航前清舱检查

1. 机上清查范围

机上清查的范围包括：

（1）厨房区域舱顶、四壁、地板及连接处、烤箱、冰箱、厨柜、餐车、衣帽间、乘务员座椅及座椅下方区域（见图4-6）；

图4-6 机上清查

（2）应急设备区域应急设备存放处、客舱门、驾驶舱门、应急出口；
（3）客舱区域行李架、座椅上、座椅下、座椅口袋内。

2. 迎客前的最后准备

在客舱的设备检查和卫生检查结束后，需再次清舱（检查区域包括客舱、厨房、洗手间、衣帽间和行李架），确认机上无外来人和外来物，并从后舱依次报告至前舱，客舱报告完毕后，乘务长报告机长并请示登机："报告机长，客舱工作准备就绪，是否可以通知地面开始上客？"得到机长的指令后，乘务长广播通知乘务员："请各号位乘务员就位，开始登机。"乘务员得到指令后整理仪容仪表，站在各自的迎客位置，等待旅客的到来。

课后习题

简答题
（1）简述直接准备阶段的工作内容。
（2）讨论直接准备阶段对航班运行的重要性。
（3）谈谈如何做好客舱的清舱工作。

任务三　空中实施阶段——安全演示

知识目标
明确安全演示的内容及要求。

能力目标
能够进行各类救生设备的安全演示。

素质目标

安全演示的目的是让旅客掌握安全乘机的必备知识和技能。一般情况下，安全演示会在飞机起飞前放映，其内容包括安全带的操作、应急出口的位置示意、氧气面罩的使用方法、禁止吸烟的规定、椅背和小桌板的使用方法、旅客安全须知、紧急滑梯的使用方法等。在延伸跨水飞行时，还需介绍救生衣、救生船和其他漂浮物品的位置及操作方法。

中国民用航空局要求所有航班必须在起飞前为旅客提供客舱安全设备示范，如果当天执行航班任务的飞机没有视频设备，或者是视频设备出现故障的时候，就需要人工进行安全演示。因此学生应明确安全演示的重要性，养成严谨的工作作风。

案例导入

飞机在执行航班任务时，如果飞机上没有视频播放设备，就需要乘务员进行安全演示，但并不是每个航班都需要演示救生衣的使用方法，这是为什么呢？

中国民用航空局颁布的 CCAR-121-R4 中的条款明确规定,延伸跨水飞行或距最近的海岸线 93 公里 50 海里以上的飞行,必须为旅客演示救生设备和其他漂浮物品的位置及使用方法。

一、救生衣

一旦飞机在海洋上空发生紧急情况,如火灾、飞机破损、飞机出现故障、燃油泄漏等都需要紧急迫降,如果此时飞机只能降落在海面上,那么飞机在海面上漂浮的时间只有一二十分钟,紧急脱离的时间规定为两分钟。因此在有限的时间内机上的每位旅客都必须穿好救生衣,然后在乘务员的指挥下脱离飞机,登上救生船划向远离飞机的风下侧。在慌乱中若有旅客落水,则可以凭借身上的救生衣获得救助。示范救生衣的使用方法不仅是一种表演,更是飞机在海上紧急迫降时,对旅客最直接的保护,所以安全演示一定要准确到位。

1. 救生衣的介绍

飞机在海上紧急迫降的时候,救生衣是机上所有人员自我保护的重要设备之一,虽然飞机上的座椅坐垫同样具有漂浮作用,但是救生衣可以更有效地对人体进行保护。救生衣是用尼龙材料做成的,有上下两个气囊,气囊之间有两个小的高压气瓶分布在救生衣的左右两边。救生衣下侧有两个红色的充气手柄。救生衣上侧两边有人工充气导管,类似于自行车气门芯的单向活门,当救生衣充气不足或漏气时,拉出人工充气导管,可以用嘴向里充气;当用手按住人工充气导管的顶部时,气会从内放出。在人工充气导管顶部的一侧还有定位灯,它由海水电池供电,电池浸水后,定位灯在几秒钟内会自动发光,并可持续使用 8~10 小时,在夜间很容易被发现,可以给幸存者定位以便救援。在低温、强风和冰雪覆盖的地区救生衣也可以做御寒之用。

2. 救生衣的位置

救生衣的存放位置一般位于便于拿取的地方。头等舱和公务舱旅客的救生衣一般位于座椅扶手下方,经济舱旅客的救生衣位于座椅下方,乘务员的救生衣存放在座椅底下的存储柜中。

3. 救生衣的分类

机上旅客的救生衣分为婴儿救生衣(见图 4-7)和成人救生衣。成人救生衣有红色(或橙色)和黄色两种颜色,红色(或橙色)救生衣供机组人员使用(见图 4-8),黄色救生衣供旅客使用(见图 4-9)。在远离机场的僻远地方迫降撤离时,带上救生衣可以在任何空旷地带显出对比色彩,以便救援人员及时发现。婴儿救生衣适用于周岁以下儿童,周岁以上儿童使用成人救生衣。

4.使用救生衣时的注意事项

(1)旅客应该在离开飞机后、上救生船前给救生衣充气,原因如下:

救生衣充气后会非常臃肿,撤离时旅客间相互拥挤,若救生衣已充气,则会堵塞过道、出口,影响撤离时间;

充气后的救生衣易被尖锐物品划破,从而失去救生功能;

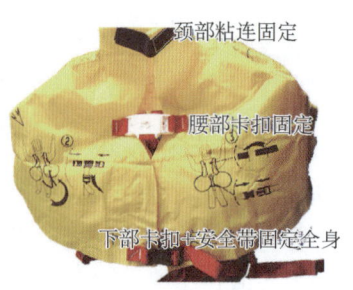

图 4-7　婴儿救生衣

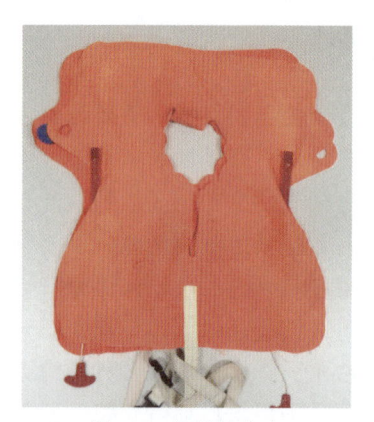

背部固定三保险
颈部粘连固定
腰部卡扣固定
下部卡扣+安全带固定全身

图 4-8　机组救生衣　　　图 4-9　旅客救生衣

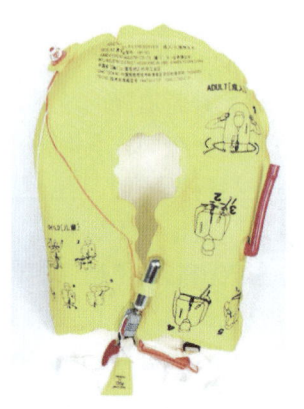

如果飞机进水，救生衣会使人漂在客舱内，甚至顶在机舱天花板上，难于逃离。

（2）不能自理及上肢不便的旅客，穿好救生衣后应立即充气。

（3）儿童在离开座位后应将其救生衣充一半气（拉一个充气手柄），待离开机舱门的时候再将另一个手柄充气；在将婴儿抱离座位时应立即将其救生衣充气，并与其母亲的救生衣系在一起。

（4）救生衣应穿在所有衣服的最外面。除特殊情况外，不要尝试穿救生衣游泳，而要在水中采取自我保护姿势，因为海水水温低，表面平均水温不超过 20℃。一般来说，身着薄衣的成人在 10℃以下海水中的存活时间为 2～4 小时。

特别提示：在正常情况下请不要使用救生衣。曾经有旅客在听完乘务员讲解如何使用机上应急设备后，把自己座位底下的救生衣拿出并迅速将其充气而被警方行政拘留的案例，因此机上救生衣只有在紧急情况时才能使用，并且是一次性救生物品。

二、其他救生设备、设施

1. 氧气面罩

氧气面罩储藏在旅客座椅上方，演示时单手将氧气面罩放到旅客头顶上方的壁板处，脱出氧气面罩后将其罩在口鼻处，并将带子套在头上。因为是演示，所以只需将带子垂直于地面,不用真的套在头上。

2. 安全带

乘务员演示安全带的使用方法时应将两手伸直,正确演示安全带锁扣的开启和关闭。

3. 应急出口

无论机上是否有视频播放应急出口的位置,乘务员都需要特别为旅客进行演示,并且在演示的时候一定要明确指出其在飞机前部、后部及中部的位置。

4. 注意事项

(1)乘务员在进行安全演示时应面带微笑,身体姿态挺拔不松懈;演示前应准备好救生设备,并提前进行检查。

(2)乘务员读安全演示的广播词时应发音正确、语调适中、停顿和升降调正确、语句流利。

三、安全演示

1. 安全演示时机及注意事项

(1)安全演示期间,原则上乘务员不得进行安全检查工作,不得影响旅客观看安全演示。

(2)安全演示期间,若航班出现特殊情况,如飞机故障、旅客突发疾病等,可中断安全演示,待航班恢复正常后,需重新进行安全演示,并且在飞机起飞前必须完成安全演示。

(3)若飞机即将起飞但安全演示还未完成,则乘务长需要及时报告机长,并且在飞机起飞前必须完成安全演示。

(4)过站停留后再继续飞行的航班即便没有新增加的旅客,在所有旅客登机后,乘务员也应对旅客做安全演示。

图 4-10 安全演示图示

2. "1+X"考证中安全演示的广播词及动作要点

女士们、先生们!

> 30度鞠躬致礼。

欢迎您乘坐＿＿＿航班由＿＿＿飞往＿＿＿。

> 救生衣换至右手（与左手拿时动作一致）。

现在客舱乘务员向您介绍救生衣、氧气面罩、安全带的使用方法和应急出口位置，请注意我们的示范和说明。

Ladies and Gentlemen,
Our flight attendants will now demonstrate the use of the life vest, oxygen mask and seatbelt, and show you the location of the emergency exits.

> 右手臂伸直向上平举，手持救生衣顶部中央，手臂与身体的夹角为90度角。
>
> 用双手撑开救生衣，经头部穿好。

救生衣在您座椅下面的口袋里，使用时取出，经头部穿好。

将带子扣好、系紧。

> 拉紧救生衣腰带（右手拉紧带子的同时，左手固定带子，使腰带尽量不要向右转动），右手将多余部分从后面扎入腰带内。

右手把腰带由左至右围好，四指向下并拢伸直位于身体右侧。

在出口处时，您可以拉动充气阀门将救生衣充气，但在客舱内请不要

> 五指并拢，手掌展开，虎口处握住充气拉环向下拉动一下。

充气。

> 双手由下往上从救生衣夹层中顺滑上去，两手分别握住两侧充气管，四指并拢握住充气管。

充气不足时，请将救生衣上部的人工充气管拉出，用嘴向里充气。

> 两手将充气管向外拉出。
>
> 先左边再右边对着充气管做吹气动作（对着充气管吹气）。

Your life vest is located under your seat. To put the vest on, Slip it over

> 将救生衣腰带松开，打开锁扣，四指向下并拢等待。

your head.

> 扣上救生衣锁扣，将救生衣腰带拉紧，用右手将多余部分从后面扎入腰带内。

Then fasten the buckles and strap tightly around your waist.

> 同中文"拉动"。

Please don't inflate while in the cabin, you can pull the tabs down firmly to inflate before evacuation.

> 同中文"不足"。   同中文"拉出"。

If your vest needs further infation, blow into the tube on either side of

your vest.

> 同中文"充气"。
>
> 右腿向右前方跨半步，左后脚跟略抬起，右手臂向右前方将氧气面罩举至旅客控制面板下方。
>
> 使面罩脱落约10cm左右。

氧气面罩储藏在您座椅上方，发生紧急情况时面罩会自动脱落。

氧气面罩脱落后，请用力向下拉面罩。

> 半转身用左手向下拉动面罩两次，然后迅速将输氧管及氧气袋卷好换至左手，交替动作不可在旅客头顶上方完成。

将面罩罩在口鼻处，把袋子套在头上进行正常呼吸。
[面罩罩在口鼻处。] [用右手反掏袋子，做向上套袋子的动作，撑袋子高于额头上方，露出脸。]

Your oxygen mask is located in a compartment above your seat. It will

drop automatically in case of emergency.
[右手动作相反，左腿向左前方跨半步，重心向左前方移动，右脚跟略抬起，左手手臂向左前方将氧气面罩举至旅客控制面板下方。]
[同中文"脱落"。]

When the mask drops. Pull a mask down sharply to activate the flow of

oxygen.
[将面罩罩在口鼻处。] [半转身用右手向下拉动面罩两次，然后迅速将输氧管及氧气袋卷好交于右手，交替动作不可在旅客头顶上方完成。]

Place the mask over your nose and mouth. slip the elastic band over your

head.
[左手反掏袋子，做向上套袋子的动作，撑袋子高于额头上方，露出脸。]
[双臂向上平伸，与肩同宽，四指并拢，指尖向上，手心朝向旅客。]

每位旅客座位上都有一条可以对扣起来的安全带。
使用时，将连接片插入锁扣内。
[将安全带扣好，并向旅客展示安全带，手指向上，手背朝向旅客。]

根据您的需要，调节安全带的松紧。
[左手四指并拢将扣好的安全带往左侧拉伸，与肩同宽。]

解开时，先将锁扣打开，拉出连接片。
[用左手将安全带扣慢慢推开，双手将安全带展开与肩同宽。] [放下安全带，自然垂直于身体前侧，保持四指并拢。]

Each chair has a seatbelt that must be fastened when you are seated.
[同中文"安全带"。]

To fasten your seatbelt, insert the link into the buckle.
[同中文"插入"。] [同中文"调节"。]

To be effective, the seatbelt should be tightly fastened.

To unfasten the seatbelt, lift this buckle.
[同中文"解开"。] [同中文"连接片"。] [双臂平行保持不动，五指并拢，双掌向左右侧打开，只动手腕部位，手臂与肩同宽。]
[双臂前臂至耳侧（手指伸直抬至耳侧）。]

本架飞机共有_____个应急出口，分别位于前部、后部及中部，请不
[双臂向前伸直与肩同宽，五指并拢，指尖指向机尾方向。]

要随便拉动应急出口手柄。

There are_____emergency exits on this aircraft. They are located in the
[同中文"前部"。] [同中文"中部"。]

front, the rear and the middle of the main cabin. Please do not touch the
[同中文"后部"。]

emergency operating handles unless specifically instructed by our crew members in emergency situations.

[乘务员双臂向前伸直，手心相向，保持身体直立，手掌从前向后画直线准确指示应急灯位置（前30度到后15度），视线跟随手指的方向。]

在客舱通道上及出口处有应急照明指示灯，在应急撤离时按指示路线撤离，撤离时禁止携带任何行李。

> 同中文"应急照明指示灯"。

The emergency indication lights are located along the aisle and at the exits. In the unlikely event of an evacuation, please follow the emergency indication lights to the nearest exit, and do not cary any hand luggage with you.

> 右手手臂伸直举起安全须知卡,持安全须知卡下三分之一处,安全须知卡正面正对旅客,不遮住脸。

《安全须知》在您前排座椅背后的口袋里,请您在起飞前仔细阅读。

谢谢!

> 女性乘务员手臂自然下垂放于身体前侧,男性乘务员双手自然下垂放于身体两侧。

For further information, please refer to the safety instruction in the seat

> 同中文"安全须知"。

pocket in front of you.
Thank you!

> 女性乘务员手臂自然下垂放于身体前侧,男性乘务员双手自然下垂放于身体两侧,鞠躬30度致谢。

课后习题

简答题
(1) 简述安全演示的内容。
(2) 谈谈安全演示对飞行安全的重要性。
(3) 模拟完成安全演示。

任务四 空中实施阶段——技能实训

知识目标
熟悉客舱服务中托盘的使用方法,以及报纸、杂志的发放要求。

能力目标
掌握客舱服务中的"端、拿、送、递、放"等服务技巧。

素质目标
(1) 引导学生养成良好的服务意识和服务态度,培养学生"安全第一,旅客至上"的职业精神。
(2) 空中实施阶段是乘务员综合运用"端、拿、倒、递、放"的主要阶段,在每次的服务过程中,精准、娴熟、规范的动作是保证服务质量的基础和前提,也是检验乘务员服务能力高低的重要环节。因此,乘务员要全面掌握和熟练运用机上服务知识和技能,为旅客提供高品质的服务。

一、托盘的使用

在客舱中乘务员端的最多的就是托盘,乘务员在巡舱、收杂物时都需要端托盘进客舱,因此端托盘时需要注意以下几点:

(1)双手端托盘的后半部;
(2)端托盘的大小臂呈 90°(见图 4-11);

图 4-11 托盘的端法

(3)四指并拢托住托盘的下部,大拇指扶在托盘的外沿;
(4)托盘上没有物品时,应将四指并拢托于盘底,大拇指放于托盘的窄边,将托盘放于身体的一侧,不要让托盘随身体晃动,也不要紧贴身体(见图 4-12)。

图 4-12 托盘上没有物品的拿法

二、报纸、杂志的发放

机上报纸的种类一般分为国际级、省级、市级、地方刊物、其他(环球时报、参考消息)等,国内航线至少要给旅客发放一种英文报,国际航线不少于两种,"1+X"空中乘务考证标准中的报纸发放形式有两种,分别是自取报纸式和手发报纸式。

1. 自取报纸式

自取报纸式的服务标准如下所述。

（1）旅客登机前将餐车拉出 1/3 并将报纸整齐摆放在餐车上（报纸摆放 1～2 种即可）。

（2）将报纸置于 R1 门处，登机时由旅客自由拿取，乘务员可给予协助和提示（见图 4-13）。

图 4-13　自取报纸的摆法

2. 手发报纸式

手发报纸式的服务标准如下所述。

（1）将报纸对折、扇形展开，呈现给旅客。

（2）左手四指并拢，手心朝外，托住报纸的底部，拇指在里侧。

（3）向旅客展示报纸时，右手四指并拢，手心朝外，大拇指扶在报纸的右上方（见图 4-14）；向旅客询问是否需要报纸时，右手四指并拢，指向报纸。

图 4-14　手发报纸的拿法

（4）对于中间和里侧的报纸，需要乘务员右手拇指和食指捏住报纸的左上角，沿报纸边缘滑至右上角，报头在上递给旅客；对于最外侧的报纸，旅客可以自行拿取。

（5）向旅客介绍报纸的种类时，与旅客呈45°站立，身体略向前倾，语言和表情要一致，送完报纸后，应及时为旅客打开阅读灯（见图4-15）。

图4-15 报纸的发放

3. 杂志的发放

乘务员在发放杂志时，应左手拿杂志，并将杂志扇形展开呈现给旅客。注意不要挡住刊头，且一次不能拿太多杂志（见图4-16）。

图4-16 杂志的发放

三、毛毯、餐车的使用方法

1. 毛毯的使用方法

1）毛毯的叠法

先将毛毯的长边对折，然后手拿没有毛边的一侧对折，最后由上至下对折即可。

乘务员在叠毛毯时需要检查毛毯是否干净无污渍，为旅客提供的毛毯必须保证折叠整齐、美观。毛毯叠好后，毛边统一向里放在行李架内，以便清点。

2）毛毯的盖法

为旅客提供毛毯时手臂需要呈 90°，将毛毯搭在一只小臂上，另一只手自然抓住毛毯下部，盖毛毯时在通道处将毛毯打开，顺着旅客的腿部由下至上盖到腹部即可。

为旅客提供毛毯时一次不可超过两条，不可在旅客座椅前方打开毛毯，毛毯盖到旅客腹部后由旅客自行调整，当为非靠通道座位旅客盖毛毯时，应考虑对外侧旅客的打扰，并做好解释工作。如图 4-17 所示是乘务员提供毛毯图示。

图 4-17　乘务员提供毛毯图示

2. 餐车的使用方法

（1）推拉餐车动作标准，推餐车乘务员手扶在车上方两侧，四指并拢，拉餐车乘务员手放在车上方的凹槽内，慢慢拉动，不可过快，以免撞伤旅客。

（2）提醒旅客："餐车经过，两边旅客请小心。"

（3）停车时两边的乘务员都应该立即踩刹车。

课后习题

简答题

（1）简述手发报纸式的服务标准。

（2）谈谈空中服务技能对航班安全飞行的重要性。

任务五　空中实施阶段——餐饮服务

知识目标

（1）熟悉机上餐饮服务的服务标准和服务要求。

（2）熟悉机上特殊餐食的服务标准及服务要求。

能力目标

重点掌握机上餐食和饮料的发放标准，以及收餐的服务要求。

素质目标

培养学生良好的服务意识与服务态度，以及良好的团队意识。

案例导入

案例一　国航"袋你飞"系列餐食服务

自 2020 年 9 月 1 日国航"盒你说"系列餐食服务正式上线以来，春的缤纷、夏的清爽、秋的浓情、冬的温暖……"盒你说"系列餐食服务用美感和口感陪伴旅客舒心出行。在新型冠状病毒感染期间国航密切关注疫情形势变化，严格执行常态化防控措施，为给旅客提供安心愉悦的机上用餐体验，继"盒你说"后，延续"一片心意一份礼物"的设计初衷，国航经济舱推出贴心便携式餐品——"袋你飞"系列餐食产品。

在"袋你飞"餐袋的设计上，国航积极贯彻落实限塑政策，以"飞"为主题专属定制一次性纸餐袋；在倡导节约健康饮食文化的同时，结合常态化疫情防控，优化手提处和封口的设计，为旅客提供安全、放心、方便的用餐体验。

案例二　厦航走在行业前端逐步恢复空中餐饮服务

2020 年 7 月 10 日，厦航恢复了机上的正餐热食供应，以及低风险航班的机上毛毯和宽体机的耳机配备；7 月 25 日，全面恢复了机上餐饮服务至新型冠状病毒感染前的标准，高端选餐、特殊餐预订、轻食订购服务也同步恢复，重启了温暖如初、暖心暖胃的空中餐饮服务。

1. 餐饮服务是航空企业服务能力的重要体现

机上餐食从食材选购到配送上机经过的环节多、周转时间相对较长、卫生要求严格、机上烘烤条件较为单一，但由于旅客对餐食品质的期望值较高，因此为旅客提供可口满意的餐食是反映航空企业服务能力的一个重要考核指标。

2. 餐饮服务是与旅客建立良好交际关系的契机

餐饮服务是整个客舱服务过程中时间最长、最具特色的环节，乘务员在此过程中与旅客的交流最多、最直接。乘务员应灵活利用这一契机，与旅客进行充分的沟通。特别是对于两舱旅客，不仅要了解、满足旅客的餐饮需求，还要借此掌握旅客其他的服务喜好信息，为其提供个性化的服务支持。沟通有时在弥补服务缺陷或服务差错方面也能起到很大作用，例如，对于食物配备不能满足旅客需求时，通过语言沟通、解释说明可以架起沟通的桥梁，取得旅客的谅解。

3. 餐饮服务质量是乘务员综合服务技能的体现

餐饮服务阶段是乘务员综合运用语言沟通技巧、服务礼仪文化、西餐礼仪、食材烤制、酒文化、"端、拿、递、送"、茶文化等知识和技能的过程，也是检验乘务员服务能力高低的重要环节。因此，乘务员要认真掌握客舱服务的知识点和技能，为旅客提供高品质的餐饮服务。

一、餐饮服务的意义

餐饮服务是客舱服务的重要组成部分，不仅影响旅客对航空公司服务的满意度，也反映了航空公司的服务能力。乘务员在做好餐饮服务"规范化"和"标准化"的同时，更要注重服务的"个性化"和"差异化"。

二、经济舱餐饮介绍

1. 餐食的种类

经济舱餐食的种类可以分为早餐、正餐和点心餐等。

1）早餐

09：00 前起飞的航班供应早餐，一般为面食、稀饭等。

2）正餐

一般是指午餐和晚餐，普通航线的正餐由一个点心盒与一个热食组成。

3）点心餐

一般是纸装餐盒（内含水果、面包、饮用水、冷荤），分为大点心盒和小点心盒。

2. 供餐时间

06：30～09：00 供应早餐，10：30～13：30 供应午餐，16：30～19：30 供应晚餐。

3. 机上饮品介绍

机上饮品一般可分为酒精饮料、软饮料和茶料，如表 4-1 所示是机上常用酒、饮料名称。

表 4-1　机上常用酒、饮料名称

类别	英文名	中文名
酒精饮料	Beer	啤酒
	Bailey's	百利甜酒
	Brandy	白兰地
	Peppermint	薄荷甜酒
	White Wine	白葡萄酒
	Red Wine	红葡萄酒
	Cognac	干邑白兰地
	Sparkling Wine	含气葡萄酒
	Whisky	威士忌
	Scotch	苏格兰威士忌
	Vodka	伏特加
	Champagne	香槟酒
	Gin	金酒（又名杜松子酒）
软饮料	Mineral water	矿泉水
	Sprite	雪碧
	Coke	可口可乐
	Orange juice	橙汁

续表

类别	英文名	中文名
软饮料	Coconut water	椰汁
	Apple juice	苹果汁
	Pineapple juice	菠萝汁
	Ginger ale	干姜水
	7UP	七喜
	Soda water	苏打水
	Tonic water	汤力克水
	Tomato juice	番茄汁
茶类	Black tea	红茶
	Green tea	绿茶
	Jasmine tea	茉莉花茶

机上热饮（咖啡、茶）的冲泡要求如下所述。

（1）冲泡咖啡时使用总容量为1500毫升的咖啡壶，并且使用热水和冷水的比例为3∶1。

（2）用纸杯为有特殊需求的旅客单独冲泡热饮时，使用热水和冷水的比例应为3∶1，并且占纸杯的2/3。

（3）冲泡茶类热饮时可以用2～3小包茶包冲泡一壶，茶壶的总容量为1500毫升，热水和冷水的比例为3∶1。

（4）应避免在飞机爬升阶段冲泡热饮，并且水位高度不得超过冲泡壶的最高水位线，以防止热饮在飞机颠簸时溢出。

三、经济舱餐饮服务

1. 餐饮服务前准备

（1）餐饮准备期间必须拉合厨房隔帘，做到"三轻"：说话轻、动作轻、脚步轻。

（2）乘务员在烘烤餐食和供餐前应洗净双手。

（3）确定好餐食的烘烤时间，以免烤焦食物。

（4）准备好餐车、饮料车，冲泡好热饮。

2. 饮料服务

1) 饮料车的准备

（1）饮料车上饮料摆放的原则为：饮料标签朝外，需统一使用塑料水托，饮料车上及塑料水托中需使用。

（2）饮料车上摆放热饮杯（纸杯）及冷饮杯（塑料杯）。

（3）冷饮以矿泉水、碳酸性饮料和果汁类饮料为主，热饮以茶和咖啡为主。

（4）饮料车上需准备冰桶、冰夹和小毛巾。

（5）饮料车上需准备咖啡壶和茶壶。

2）供应方式

（1）乘务员提供饮料时，应与旅客呈45°站立，身体略向前倾，面带微笑，并向旅客介绍饮料的种类："女士/先生，今天我们为您准备了可乐、雪碧、矿泉水，果汁有橙汁、苹果汁、葡萄汁，热饮有咖啡和茶，请问您喜欢哪一种？"

（2）发放顺序：从前至后，从左至右，先里后外，老弱妇孺优先，拿饮料杯时应拿在杯子下部的1/3处。

（3）倒饮料时，应拿住饮料瓶的中下部，上身略向前倾，将杯子倾倒45°，饮料倒至杯子高度的七成，儿童旅客的饮料应倒至杯子高度的五成，禁止在饮料车上方倒送饮料，如图4-18所示是乘务员倒饮料图示。

图4-18　乘务员倒饮料图示

（4）提供碳酸饮料时，应主动询问是否需要加冰，注意先加冰块，再添加饮料。

（5）面向旅客提供饮料时，左手递送左侧旅客，右手递送右侧旅客；背对旅客提供饮料时，左手递送右侧旅客，右手递送左侧旅客。

（6）提供热饮服务时，应提醒旅客小心烫伤，热饮倒至杯子的五成满即可，飞机颠簸期间需停止热饮服务，并提醒旅客注意安全。

（7）将饮料拿稳后再递送给旅客（见图4-19）。

3．餐食服务

1）餐车的准备

（1）提供点心时，将点心盒放在餐车内。

（2）提供正餐时，应将餐车垫纸垫在餐车上，将热食摆放在餐车上，将餐盒摆放在餐车内。

（3）热食摆放不宜过高（不得超过3层），发放时注意旅客安全，避免滑落。

2）供应方式

（1）乘务员提供餐食时，应与旅客呈45°站立，面带微笑，身体略向前倾，并向旅客介绍餐食的种类："女士/先生，今天我们为您准备了鸡肉米饭和牛肉面条，请问您喜欢哪一种?"

图 4-19 递送饮料

（2）为旅客提供餐食时，应将餐盒及热食摆放在小桌板正中间，标签朝向旅客，并提醒旅客小心餐食温度。

（3）发放顺序：从前至后，从左至右，先里后外，老弱妇孺优先；面向旅客提供餐食时，左手递送左侧旅客，右手递送右侧旅客，背对旅客提供餐食时，左手递送右侧旅客，右手递送左侧旅客。

注意：如果有睡觉的旅客，原则上不要叫醒，为该旅客提供休息卡，并记录好座位号，以便该旅客睡醒后，征求意见并能及时地提供相应的服务。

四、餐具回收与客舱整理

1. 回收前的餐车准备

餐车上需放置空的水格子或托盘，并携带小毛巾、湿纸巾、清洁袋（见图 4-20）。

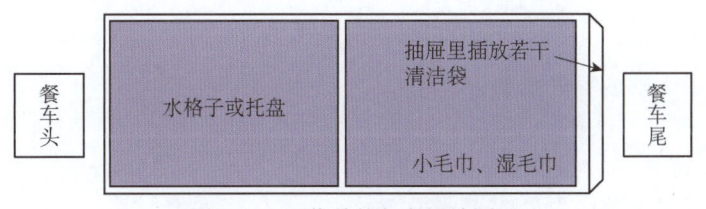

图 4-20 回收前的餐车摆放图示

2. 回收方式

（1）一般使用空餐车回收餐具，使用空的塑料水格子或托盘回收空杯子（每摞不得超过 5 个杯子）。

（2）乘务员回收餐具时，应与旅客呈 45°站立，身体略向前倾，面带微笑（见图 4-21）。

（3）需将回收的餐具整理整齐，稳妥地放在餐车里。

（4）餐车内套好垃圾袋，餐车上层套好单袋，放置餐盒、餐食，餐车下层套好双袋，放置水杯。

图 4-21　回收餐具

课后习题

1. 选择题

（1）提供手发式报纸服务时，需将报纸对折、（　　）展开，呈现给旅客。

A. 交叉形　　　　　　　　　B. 螺旋形

C. 8 字形　　　　　　　　　D. 扇形

（2）客舱乘务员在为旅客提供饮料时，应拿在杯子下部的（　　）处。

A. 1/2　　　　　　　　　　B. 2/3

C. 1/3　　　　　　　　　　D. 1/5

2. 思考题

谈一谈机上餐饮服务的意义。

任务六　航后讲评阶段

知识目标

明确航后讲评的内容和重要性。

能力目标

能够完成航班任务结束后的讲评工作。

素质目标

航后讲评阶段是乘务工作的最后阶段，是指完成航班任务后的工作讲评，航后讲评由乘务长负责组织召开。通过航后讲评工作提高学生随机应变的能力，培养学生团结合作的工作意识。

一、航后讲评的重要性

1. 总结反馈

航后讲评具有及时性，客舱经理或乘务长可以根据当日的航班情况进行讲评与分析，以便及时总结经验，查找不足。

2. 改进提升

航后讲评可以针对飞行安全和客舱服务中存在的问题进行分析探讨，并制定整改措施，以便不断提升客舱的安全服务管理水平。

二、航后讲评的内容

1. 互通信息

在航后讲评阶段，乘务组成员应将在航班中遇到的各种情况和采取的处置方式进行沟通，分享成功的经验，提出相关注意事项，并向乘务长提出有关航班安全服务质量改进的建议。

2. 航班总结

乘务长应认真总结航班安全服务工作的完成情况，表扬优秀的乘务员，点评航班服务中的典型案例，针对航班中存在的问题和需要改进的方面提出要求，以不断提升乘务员的业务能力。

执行航班任务时应注意以下问题：

（1）始终做到文明礼貌、面带微笑，随时使用文明用语和敬语；

（2）与旅客交谈时要保持适当的距离，目光要注视对方，掌握用词分寸，避免过多使用专业术语；

（3）对旅客提出的要求，在能做到的情况下应尽量满足，在不能做到的情况下应耐心解释，并注意语言技巧；

（4）应允旅客的事一定要做到，不能言而无信，应随时将旅客的信息记录下来，以免遗忘；

（5）若无意碰撞或影响到旅客，则应表示歉意，并取得对方的谅解，必要时，下机时应再次致歉；

（6）对旅客一视同仁，对爱挑剔的旅客，尤其需要耐心，避免发生口角，对举止不端的旅客，应镇静回避，必要时需要报告乘务长；

（7）对特殊旅客应提供及时周到的服务；

（8）乘务员工作时脚步要轻，避免影响旅客休息；

（9）客舱内应随时有乘务员观察旅客动态，以便能够及时帮助旅客解决问题；

（10）乘务员应不定时检查卫生间的卫生及安全状况，以保证卫生间干净、整洁、无异味。

（11）提供餐饮时，对睡觉的旅客，不要打扰，记住其座位号，等旅客醒后，再为其提供服务。

课后习题

简答题

（1）简述航后讲评的重要性。

（2）简述航后讲评的内容。

（3）模拟召开一次航后讲评会。

项目小结

乘务员在预先准备阶段要完成个人准备和集体准备。个人准备的时间较充分,乘务员要根据准备要求逐项认真落实,以求工作的精益求精;集体准备的时间有限,乘务员要服从乘务长的指挥,了解岗位职责和服务要求,与其他机组成员建立良好的协同关系,为航班的正常运行奠定基础,以确保旅客的生命财产安全。

直接准备阶段时间短、项目多、要求严,乘务员要树立高度的安全意识和强烈的责任感,各司其职,严格认真地做好直接准备阶段的各项工作,确保航班的安全与准时,这是乘务员的使命和职责。

航后讲评阶段汇集了航班服务过程中的各种信息,是回顾航班整体质量,提高服务质量的阶段。做好航后讲评,有助于乘务员之间相互借鉴学习,明确努力方向,从而不断提高航班的安全管理和服务质量。

项目五　两舱服务

任务一　葡萄酒服务

知识目标

（1）了解葡萄酒的起源、产地、文化内涵、饮用习惯等基础知识；
（2）通过观察葡萄酒的颜色、读取酒标等方式鉴别葡萄酒的品种分类、等级、产地等。

技能目标

（1）掌握葡萄酒的基础知识及品鉴技巧；
（2）掌握葡萄酒的开瓶步骤；
（3）掌握为两舱旅客侍酒的操作流程。

素质目标

（1）通过对葡萄酒知识的学习，提升对酒品的品鉴能力，提高乘务员的个人素质及文化修养；
（2）能够根据旅客的餐食和个人喜好搭配葡萄酒，提高乘务员的机上服务水平；
（3）乘务员能够通过给两舱旅客介绍葡萄酒的相关知识提高语言沟通能力。

一、葡萄酒的基础知识

1. 葡萄酒的酿造

葡萄酒是以葡萄为原料通过发酵制成的，发酵过程中不添加其他物质，通过控制发酵时间可以控制成品酒的酒精含量及残余糖量。

2. 葡萄酒的分类

1）按颜色分

葡萄酒按颜色可分为红葡萄酒、白葡萄酒和桃红葡萄酒，如图 5-1 所示为按颜色分类的葡萄酒图示。

红葡萄酒　　白葡萄酒　　桃红葡萄酒
图 5-1　按颜色分类的葡萄酒图示

(1) 红葡萄酒：采用皮红肉白或皮肉皆红的葡萄酿制而成。

(2) 白葡萄酒：采用白葡萄或脱皮的红葡萄酿制而成。

(3) 桃红葡萄酒：用带色的红葡萄带皮发酵或分离发酵制成，但浸皮期较短。

2）按含糖量分

(1) 干葡萄酒：含糖量低于 4g/L，品尝不出甜味，具有果香和酒香。

(2) 半干葡萄酒：含糖量为 4～12g/L，微具甜感。

(3) 半甜葡萄酒：含糖量为 12～45g/L，具有甘甜的果香和酒香。

(4) 甜葡萄酒：含糖量大于 45g/L，甜感较高同时具有浓郁的果香。

3）按是否含二氧化碳分

不含有二氧化碳的葡萄酒叫静酒，即静态葡萄酒。含有一定量二氧化碳的葡萄酒叫起泡酒或汽酒。

起泡酒：起泡酒中的二氧化碳是由葡萄酒加糖再发酵产生的。只有在法国香槟地区生产的起泡酒才叫香槟酒，在其他地区生产的同类型产品按国际惯例不得叫香槟酒，一般叫起泡酒。

汽酒：汽酒中的二氧化碳是人工添加的，因二氧化碳使酒具有清新、爽快的口感，故称为汽酒。

3. 知名葡萄品种

1）红葡萄

(1) 赤霞珠：是一种用于酿造葡萄酒的红葡萄品种，原产自法国波尔多地区，生长容易，适合不同气候，已于世界各地普遍种植。

(2) 梅洛：是一种 18 世纪末才出现的红葡萄品种，在波尔多的大部分产区都有种植，同时也是法国种植最为广泛的葡萄品种。

(3) 色拉子：它是法国罗纳河谷北部地区的经典品种，世界上有超过一半的色拉子种植于法国。

2）白葡萄

(1) 长相思：原产自法国波尔多地区，于 20 世纪 80 年代从法国引进我国开始种植，在山东烟台、陕西丹凤、北京等地有栽培。

(2) 霞多丽：原产自法国勃艮第，属于中早熟酿酒葡萄品种，是当前全球最受欢迎的白葡萄品种之一，已有二十多个国家引进栽培。

(3) 雷司令：原产于德国，已是德国葡萄种植业的标志。

4. 杯具的选择

1）葡萄酒杯

葡萄酒杯有标准杯（见图 5-2）、波尔多杯、勃艮第杯、赤霞珠杯、黑皮诺杯、仙粉黛杯等多种类型，用于品尝不同种类的葡萄酒。飞机上一般配备标准杯，标准杯适用于品尝所有种类的葡萄酒，不会突出酒的任何特点，直接展现葡萄酒原有风味，被全世界多个葡萄酒品鉴组织推荐和采用。

2）香槟杯

香槟杯又称笛形杯，杯型细长，可以观赏到气泡徐徐上升（见图 5-3）。因为有气泡产生，所以需要沿杯壁分两次才能倒满一杯。

项目五 两舱服务

图 5-2 标准杯　　　　　　　图 5-3 香槟杯

5. 葡萄酒的饮用温度

对不同种类葡萄酒的饮用温度介绍如下：

（1）红葡萄酒的饮用温度是室温，为 16～18℃；

（2）白葡萄酒和起泡葡萄酒的饮用温度要相对低些，为 10～12℃；

（3）飞机上可将白葡萄酒、起泡葡萄酒放入冰箱冰镇后使用。若无冰箱或需要快速降温，则可将整瓶酒放入装有冰水混合物的冰桶中，每次倒完后再将酒瓶放回冰桶，保持温度。

二、葡萄酒的酒标

葡萄酒的酒标是指酒瓶上的标签（见图 5-4），标签中包含关于此款酒的资讯，看一瓶酒的酒标就可以大致了解这瓶酒的来历。

图 5-4 葡萄酒的酒标

1. 酒庄名/品牌名

酒标上的酒庄名或品牌名最为醒目，以最直接的方式表明这是一款什么样的葡萄酒。

2. 年份

指酿造这款葡萄酒所用葡萄的采收年份。对于香槟酒等使用多个年份葡萄混酿而成的酒款来说，就不会在酒标上标注年份了。

- 119 -

3. 产地

葡萄酒的酒标上都会标注酿酒葡萄的产地。

4. 葡萄品种

使用单一葡萄品种酿造的葡萄酒，会将酿造该酒所用的葡萄品种在酒标上写明。

5. 装瓶信息

由于酒庄条件限制，有的酒庄会将葡萄酒运往销售地装瓶，而有实力的酒庄多会在自家酒庄内完成装瓶，这也是酒庄对于葡萄酒质量的一种保证措施。

三、葡萄酒的开瓶步骤

如图 5-5 所示是葡萄酒瓶的开瓶图示，具体操作步骤如下所述：

（1）先用干净的餐布或纸巾将酒瓶擦干净；

（2）打开小刀，一只手握住瓶身，另一只手持小刀，沿着瓶口的环状凸起部分下沿顺时针划过半圈，再逆时针划过另外半圈，以完全切断瓶封；

（3）将刀尖垂直于割口向上画一刀，并挑起瓶帽；

（4）用餐布或纸巾将瓶口擦拭干净；

（5）将螺旋钻的尖端插入软木塞中心位置，待到螺旋钻的外露部分剩下约一环时停止旋转；

（6）按压手柄，将软木塞缓慢拔出。

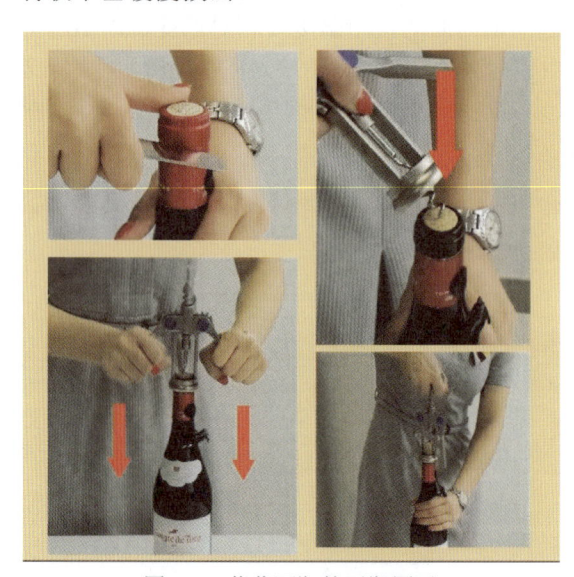

图 5-5　葡萄酒瓶的开瓶图示

四、葡萄酒的侍酒流程

1）单人操作

单人侍酒流程如图 5-6 所示，具体步骤如下所述。

（1）使用侍酒布，酒标正对旅客，并与旅客进行酒品确认。

（2）将酒杯放在旅客桌面右上角，杯口不能接触瓶口，倒酒时保持酒标正对旅客。

（3）在侍酒的过程中，优先为女士提供服务。

图 5-6　单人侍酒流程

2）双人操作

双人侍酒流程如图 5-7 所示，具体步骤如下所述。

图 5-7　双人侍酒流程

（1）两名乘务员同时侍酒时，一名乘务员为旅客展示酒瓶（简称示瓶）并介绍酒的名称、产地等信息，待旅客确认后，另一名乘务员将酒杯放到旅客桌板的右上角处。

（2）在酒杯中倒一点酒（约一小口的量），让旅客品尝，得到旅客认可后，乘务员将酒倒至酒杯的 1/2 处。

（3）在侍酒过程中，若遇到飞机颠簸，则乘务员可以一手持酒瓶，一手持酒杯，倒好后再放置于旅客桌上。

3）注意事项

（1）示瓶前需检查酒标是否清洁完整，应用干净的侍酒巾将瓶身包裹并露出酒标；示瓶时应将酒标始终朝向旅客方向，展示并介绍酒品信息。

（2）旅客选择不同品牌的酒时，需要及时更换酒杯。

（3）葡萄酒开瓶 8 小时后，因口感会发生变化，所以不再为旅客提供。

五、香槟酒

1. 香槟酒的简介

香槟酒是一种富含二氧化碳的起泡白葡萄酒，原产于法国香槟地区，如图 5-8 所示是法国葡萄酒产区图。只有在法国香槟地区用指定葡萄酒品种和方法酿制的起泡葡萄酒才能称为香槟酒，香槟酒是一种珍贵的起泡酒。

2. 香槟酒的开瓶步骤

如图 5-9 所示是香槟酒的开启图示，具体的开瓶步骤如下所述。

（1）先将香槟酒瓶口的锡箔去掉。

图 5-8　法国葡萄酒产区图

（2）开瓶时一只手的大拇指先按好木塞，将瓶口朝向无人的方向；另一只手握住酒瓶并旋转，酒瓶内的气压会将木塞慢慢往上推；然后让木塞前段稍稍倾斜，放出二氧化碳，之后就可以没有巨响地打开瓶塞了。

图 5-9　香槟酒的开启图示

3. 倒香槟的方法

将香槟杯举起，杯身倾斜 30°，接着把杯口贴紧瓶口，缓缓地先试倒少许酒液进入杯中，然后维持徐缓的节奏，将香槟倒至 7 分满即可。

课后习题

简答题

简述葡萄酒的分类方式。

实操题

（1）通过酒标读取酒品信息。

（2）分组完成葡萄酒的开启练习。

（3）分组完成葡萄酒的侍酒流程。

（4）分组完成起泡酒的侍酒流程。

任务二　洋酒及鸡尾酒服务

知识目标

（1）了解洋酒的品牌、种类、制作及饮用方式等基础知识，能够通过酒标信息鉴别酒的等级等；

（2）熟记常见鸡尾酒的制作材料及配比公式。

技能目标

（1）掌握洋酒的分类；
（2）通过酒标能够获取洋酒的等级、产地等信息；
（3）掌握洋酒的饮用方式；
（4）掌握常见鸡尾酒的调制方法。

素质目标

随着国际化进程的加快，民航服务不断发展，作为一名优秀的乘务员会经常接触到外籍旅客，洋酒是西方文化的一个组成部分，了解和掌握相应的酒水知识可以更好地与旅客进行沟通，也只有真正了解酒水的来历及饮用方法，才能更好地为旅客服务，提升服务品质。

一、常见的洋酒

1. 白兰地

把葡萄酒蒸馏后放在木桶里经过长时间酿成的酒，称为白兰地。

1）白兰地的等级

白兰地有 4 个等级，分别是二级（三星和 V.S）、一级（V.O）、优级（V.S.O.P）和特级（X.O）。

（1）V.S（Very Superior）。

V.S 又叫三星白兰地（见图 5-10），属于普通型白兰地。干邑地区生产的白兰地的酿制时间至少为 18 个月，但酒庄为保证酒的质量，会在橡木桶中酿藏两年以上。

（2）V.O（Very Old）。

V.O 属于普通型白兰地（见图 5-11）。根据我国标准，此级别白兰地的酒龄要求不低于 3 年。

（3）V.S.O.P（Very Superior Old Pale）。

V.S.O.P 属于中档型白兰地（见图 5-12），享有这种标志的白兰地至少需要 4 年的酒龄。然而，许多酒庄在装瓶时，为提高酒的品质，会适当勾兑一定量的 10～15 年的白兰地原酒。

（4）X.O（Extra Old）。

X.O 属于精品白兰地（见图 5-13），原酒在橡木桶中必须酿藏 6 年以上才能装瓶销售，但实际上许多此级别白兰地的年份都超过了 20 年。

图 5-10　V.S 级别白兰地

图 5-11　V.O 级别白兰地

图 5-12　V.S.O.P 级别白兰地

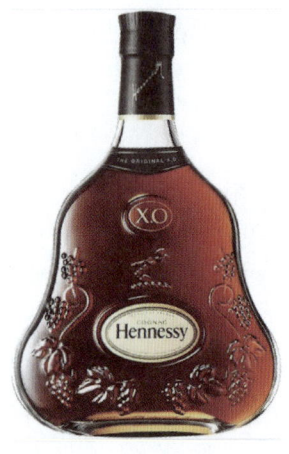

图 5-13　X.O 级别白兰地

2）白兰地的饮用

饮用白兰地时应使用白兰地杯，一次性倒入的酒量通常为一盎司（30 毫升），且以平放酒杯不外溢为宜。如图 5-14 所示为白兰地杯。

图 5-14　白兰地杯

白兰地有直饮（go straight）、加冰（on the rocks）和追水（chase water）3 种饮用方式，为旅客提供前应询问其选择哪种饮用方式。

饮用时，用一只手的中指和无名指的指根夹住杯柄，让手温传入杯内使酒略暖，从而增加酒意和放香。

2. 威士忌

威士忌是用大麦、黑麦、玉米等谷物为原料，经发酵、蒸馏后放入木桶中进行酵化而酿成的。

1）产地

比较著名且具有代表性的威士忌分别是苏格兰威士忌、美国威士忌和加拿大威士忌。

2）常见的威士忌品牌

常见的威士忌品牌有芝华士 12 年苏格兰威士忌（Chivas Regal 12 Years Premium Scotch Whisky）、尊尼获加黑方威士忌（Johnnie Walker Black Label）、杰克丹尼威士忌（Jack Daniels）。

3）威士忌的饮用

饮用威士忌时需使用威士忌杯，如图 5-15 所示。威士忌既可单饮或加冰块饮用，又可加软饮料或水饮用。为旅客提供威士忌前，应询问其对品牌及饮用方式的选择。

图 5-15　威士忌杯

3. 伏特加

伏特加以谷物或马铃薯为原料，先经过蒸馏使其酒精度数高达 95% Vol，再用蒸馏水淡化至 40% Vol～60% Vol，常用作各种调制鸡尾酒的基酒。

4. 朗姆酒

朗姆酒也叫糖酒，以蔗糖为原料，经发酵、蒸馏后在橡木桶中储存 3 年以上而成。

5. 龙舌兰

龙舌兰产于墨西哥，它的生产原料是一种叫作龙舌兰的珍贵植物，经过 10 年的栽培方能酿酒，酒精度数大多为 35% Vol～55% Vol。

6. 金酒

金酒也称杜松子酒，酒精度数大多为 35% Vol～55% Vol，适宜单饮或加软饮料饮用。

7. 利口酒

利口酒也称餐后甜酒，它是以蒸馏酒为基酒配制各种调香物品，并经过甜化处理的酒精饮料。常见的利口酒有百利甜、咖啡利口酒、香橙利口酒（见图 5-16）。飞机上的利口酒使用白兰地杯为旅客提供，可直饮也可调配成鸡尾酒。

利口酒
Liqueur

百利甜
Baileys

咖啡利口酒
Kahlua

香橙利口酒
Grand Marnier

图 5-16　常见的利口酒

二、调制鸡尾酒

鸡尾酒是一种混合饮品，是由两种或两种以上的酒或饮料、果汁、汽水混合而成的，通常以朗姆酒、金酒、龙舌兰、伏特加、威士忌、白兰地等烈酒或葡萄酒作为基酒，再配以果汁、蛋清、牛奶、咖啡、糖等其他辅助材料，加以搅拌或摇晃而成的一种混合饮品，最后还可用柠檬片、水果或薄荷叶作为装饰物。

1. 调制器具

如图 5-17 所示是调酒器具，下面对其进行详细介绍。

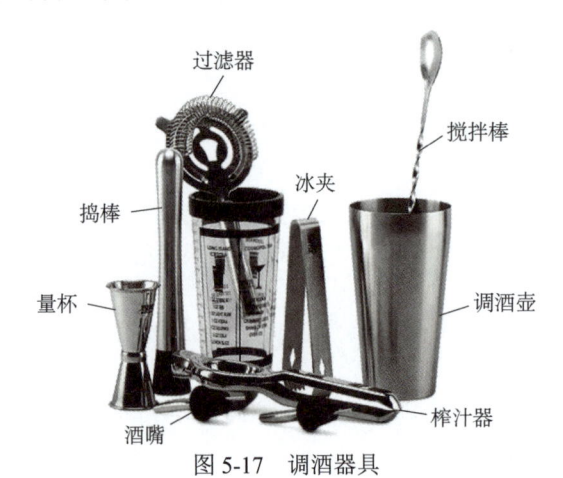

过滤器
搅拌棒
捣棒
冰夹
量杯
调酒壶
榨汁器
酒嘴

图 5-17　调酒器具

（1）量杯：量杯两端分别可以盛量不同容量的液体，用于量取酒液。

（2）捣棒：用于捣烂水果或其他任何需要弄碎的配料，也可用于碎大冰块。

（3）过滤器：过滤器用来滤出调酒壶中的酒液。

（4）冰夹：用于夹取冰块。

（5）调酒壶：调酒壶可以算是鸡尾酒的代表性工具了，但并不是所有的鸡尾酒都需要调酒壶，需要调和的鸡尾酒通常包含鸡蛋、奶油、利口酒、甜果汁等材料。

（6）搅拌棒：搅拌棒用于搅拌和引流，有时也可以用来插取樱桃和橄榄。

（7）酒嘴：将酒嘴插在酒瓶口，可以很好地控制酒量。

（8）榨汁器：用于将新鲜的橙、柠檬和青柠檬榨成汁。

2．调制方法

（1）摇和法：使用鸡尾酒调酒壶，通过手臂的摇动来完成各种材料的混合。

（2）调和法：调和法用于调制由易于混合的材料构成的鸡尾酒。

（3）兑和法：将所要混合的鸡尾酒的主料和辅料直接倒入量杯中。

（4）漂浮法：直接将配料依次倒入酒杯中，由于配料的密度不同，因此能够看到鸡尾酒有渐变色、分层的感觉。

（5）搅和法：用搅拌棒来完成各种材料的混合，使用搅和法调制的鸡尾酒，大多含有水果、冰激淋和鲜果汁。

3．调制公式

鸡尾酒杯+冰块+基酒+配酒饮料+装饰物+搅拌棒。

4．常见的鸡尾酒

1）唇齿沙滩

如图 5-18 所示是唇齿沙滩，调制方法为：在调酒壶中加入 6～7 块冰、1 盎司百利甜、椰汁至 5 成，然后摇匀倒入鸡尾酒杯，以樱桃为装饰，不需要搅拌棒。

2）高波

如图 5-19 所示是高波，调制方法为：在鸡尾酒杯中加入 6～7 块冰、1.5 盎司威士忌、苏打水至 8 成，以柠檬片为装饰，配搅拌棒。

图 5-18　唇齿沙滩

图 5-19　高波

3）螺丝刀

如图 5-20 所示是螺丝刀，调制方法为：在鸡尾酒杯中加入 6～7 块冰、1.5 盎司伏特加、橙汁至 8 成，以橙片为装饰，配搅拌棒。

4）欢乐泉

如图 5-21 所示是欢乐泉，调制方法为：在鸡尾酒杯中加入 6～7 块冰、苏打水至 6 成、白葡萄酒至 8 成，以柠檬片为装饰，配搅拌棒。

图 5-20　螺丝刀 　　　　　　　　　　图 5-21　欢乐泉

5）血腥玛丽

如图 5-22 所示是血腥玛丽，调制方法为：在调酒壶中加入 6～7 块冰、1.5 盎司伏特加、番茄汁至 5 成，3～5 滴辣椒水，摇匀后倒入鸡尾酒杯，然后放入 2 片柠檬，不需要搅拌棒。

6）金汤力

如图 5-23 所示是金汤力，调制方法为：在鸡尾酒杯中加入 6～7 块冰、1 盎司金酒、汤力水至 8 成，以柠檬片为装饰，配搅拌棒。

图 5-22　血腥玛丽 　　　　　　　　　图 5-23　金汤力

7）香橙金巴利

如图 5-24 所示是香橙金巴利，调制方法为：在鸡尾酒杯中加入 6～7 块冰、1 盎司金巴利、橙汁至 5 成、苏打水至 8 成，以橙片为装饰，配搅拌棒。

8）黑色俄罗斯

如图 5-25 所示是黑色俄罗斯，调制方法为：在鸡尾酒杯中加入 10 块冰、1 盎司伏特加、1.5 盎司咖啡利口酒，配搅拌棒。

图 5-24　香橙金巴利　　　　　　　图 5-25　黑色俄罗斯

课后习题

简答题
（1）简述飞机上常见洋酒的种类。
（2）简述飞机上洋酒的饮用方式。

实操题
分组完成飞机上常见鸡尾酒的配制。

任务三　热饮服务

知识目标
掌握茶及咖啡的历史、起源、品种等基础知识。

技能目标
（1）掌握为旅客提供中式茶及西式茶的服务流程；
（2）掌握为旅客提供不同种类咖啡的服务流程。

素质目标
茶文化是我国的传统文化之一，通过对茶文化的学习，加强学生对中国传统文化的了解，培养民族自豪感，并能够在机上服务的过程中将我国的优秀文化传递给更多旅客。咖啡是深受中外旅客喜爱的机上饮品，通过优质的咖啡服务可体现航空公司的服务质量，提高公司声誉。

案例分析

"东航那杯茶"获航空文创最佳五星奖

2021年10月15日,北美最大电视媒体发布"2021—2022年度全球航空餐食榜单","东航那杯茶"与中国联合航空公司彩绘飞机的联合文创茶饮(MU&CUATea)摘得榜单上唯一一个"航空文创最佳五星奖"。MU&CUATea是东方航空食品有限公司与中国联合航空公司联手研发的,由民航科技创新领域著名的IAIO-NARDO伊尔沃纳顿实验室提供支持,将中国联合航空公司彩绘机队的航空阻燃艺术喷漆成果用于茶具的设计与生产,制作出了彩绘飞机版的茶杯,又在茶具内预置了适合冲泡、且能避免过久浸泡影响口感的茶叶包装。该彩绘飞机茶饮涵盖安顺、包头、日照、兴义、庆阳5座中国城市主题。该奖是中国东方航空集团有限公司继2018年摘得全球飞机餐TOP1之后的又一次夺冠。

"东航那杯茶"致力于传播中华茶文化,打造航空品质之健康茶饮新体验。2021年9月10日,"东航那杯茶"之菊花普洱杯泡茶正式亮相中国东方航空集团有限公司全线航班,经52℃温水贴心冲泡,将传统茶饮和环保科技完美结合,为旅客带来了全新的饮茶体验。此款茶品一人一杯、茶水分离、可反复冲泡,不仅健康环保,还贴心满足防疫需求,使旅客在万米高空也能同样拥有雅致下午茶的体验,其创新设计受到旅客好评。

思考:飞机上的茶品服务对于打造高水平客舱服务品质的意义?

一、飞机上的茶品服务

1. 茶的基础知识

1)茶的起源

茶起源于中国,自古以来一向为世界所公认。近几十年来,随着茶学和植物学的发展,证明了中国西南地区是茶树的原产地。关于茶的起源时间,民间有许多传说,有人认为起源于上古,有人认为起源于周代,也有人认为起源于秦汉、三国、南北朝、唐代等,造成这种现象的主要原因是唐代以前的史书中没有关于"茶"字的记载,只有关于"荼"字的记载,直到陆羽写出《茶经》后才将"荼"写成"茶"。

2)茶的发展

(1)对食茶文化的考究。

茶最早是被人们当作食物应用的,尤其是在物资匮乏的原始社会,茶更是一种充饥之物。后来随着人类文明的发展,食茶也逐渐成为一种风俗,甚至在一些地区形成了食茶文化。如今,在云南南部的少数民族仍保留着加工茶叶作为腌菜食用的民间习俗。

(2)茶的药用时代。

茶被食用之后,其药用功效逐渐被人们发现和认识,茶随之转化为养生、治病的良方。关于茶的药用价值,千百年来为众多的药书和茶书所记载,并且茶的一些药用功能至今仍被人们看重。

(3)汉代的茶饮料。

人们在食茶和把茶作为药物食用的过程中逐渐发现茶的药性很弱,但是具有一定的兴奋作用,因此茶开始转化为饮料。直到汉代,饮茶才成为一种新的潮流,渗透于社会的各个阶层。

3）茶的分类

中国制茶历史悠久，创造出的茶的种类很多。根据制作方法的不同和茶汤色泽上的差异，可以将茶基本划分为 6 种类型，分别是绿茶、红茶、黑茶、白茶、黄茶和青茶。

（1）绿茶。

不发酵茶，因其干茶与茶汤色泽以绿色为主调，故称为绿茶。其产量居于 6 大基本茶类之首，也是我国最主要的出口茶类。西湖龙井是一种典型的绿茶，因产于中国杭州西湖区而得名（见图 5-26）。西湖龙井有"四绝"：色绿、香郁、味甘、形美。

图 5-26　西湖龙井

（2）红茶。

红茶属于全发酵茶，在加工过程中发生了以茶多酚酶促氧化为中心的化学反应，鲜叶中的化学成分变化较大，茶多酚减少 90% 以上，会产生茶黄素、茶红素等新成分。我国红茶品种以祁门红茶最为著名（见图 5-27），为我国第二大茶类。

图 5-27　祁门红茶

（3）黑茶。

黑茶属于后发酵茶，因成品茶的外观呈黑色而得名。传统黑茶采用的黑毛茶的成熟度较高，是压制紧压茶的主要原料。普洱茶是黑茶的典型代表（见图 5-28），主要产于云南省的西双版纳、临沧、普洱等地区。普洱茶的茶汤橙黄浓厚，香气高锐持久，香型独特，滋味浓醇，经久耐泡。

图 5-28　普洱茶

（4）白茶。

白茶属于微发酵茶，是采摘后不经杀青或揉捻，只经晒或文火干燥加工而成的茶，具有外形芽毫完整、满身披毫、毫香清鲜、汤色黄绿清澈、滋味清淡回甘的特点。白毫银针（见图 5-29），简称银针，又叫白毫，因其白毫密披、色白如银、外形似针而得名，其香气清新、汤色淡黄、滋味鲜爽，是白茶中的极品，素有茶中"美女""茶王"之美称。

图 5-29　白毫银针

（5）黄茶。

黄茶属于轻发酵茶，按鲜叶的老嫩程度和芽叶的大小又分为黄芽茶、黄小茶和黄大茶。黄茶的品质特点是黄叶黄汤，湖南岳阳为中国黄茶之乡，产自湖南岳阳洞庭湖的君山银针（见图 5-30）是当地最有特点的黄茶之一。

（6）青茶。

青茶属于半发酵茶及全发酵茶，品种较多。铁观音（见图 5-31）是青茶中的极品，整体形状似蜻蜓头或螺旋体青蛙腿。

图 5-30　君山银针

图 5-31　铁观音

2. 飞机上的茶品冲泡

1）中式茶

（1）原叶茶。

原叶茶可用如图 5-32 所示的茶包冲泡，先将茶叶倒入茶包（见图 5-33），再放入大瓷壶中用热水冲泡即可。

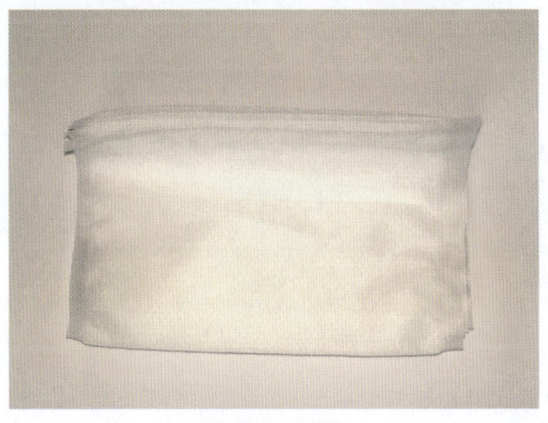

图 5-32　茶包

图 5-33　倒入茶叶备用

（2）袋泡茶。

袋泡茶的操作步骤如下：

①先用热水温杯（见图 5-34），待杯热后再倒出水；

图 5-34　温杯

②将袋茶放入空杯中，再加热水，如图 5-35 所示；

图 5-35　放茶包

③等待茶汤出色（见图 5-36）；

图 5-36　茶汤出色

④取出茶袋，冲泡完成，如图 5-37 所示。

图 5-37　冲泡完成

2）西式茶

（1）如图 5-38 所示为西式红茶，冲泡方法为：用预热后的茶杯泡红茶，配糖及牛奶。供茶时，杯柄位置应正对旅客右手，以方便旅客拿取。若提供茶壶，则将茶袋系在壶把手上，不用取出。

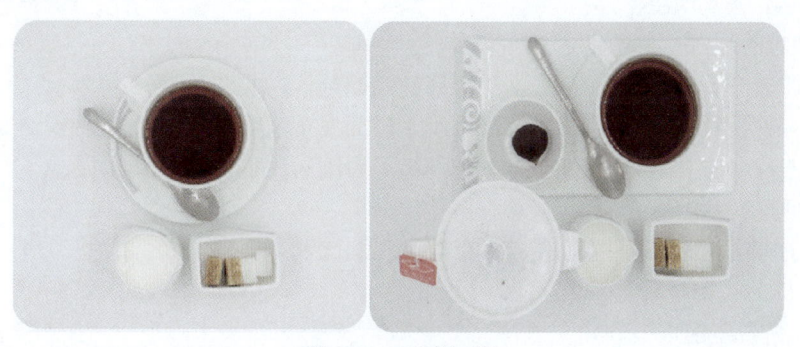

图 5-38　西式红茶

（2）如图 5-39 所示是柠檬红茶，冲泡方法为：用预热后的茶杯泡红茶，并放入两片柠檬,另配糖。若制作冰饮,则需使用饮料杯,先加入半杯冰块,浓红茶至 6 成,再加入冰块至 8 成,加两片柠檬,配糖浆、奶球,并搅拌。

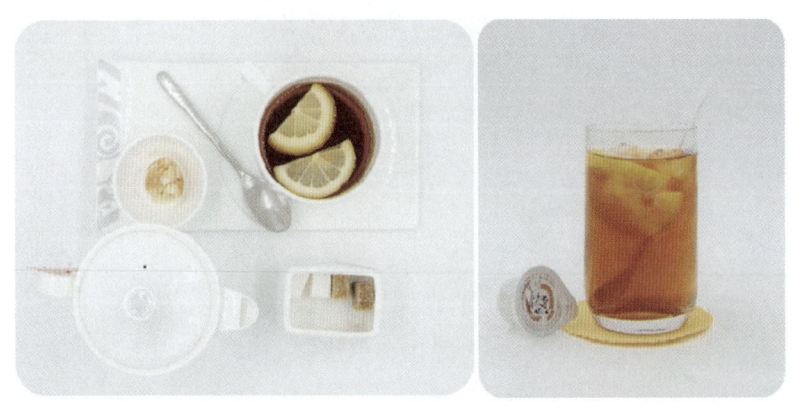

图 5-39　柠檬红茶

(3)飞机上提供红茶的标准如下:

①加 1~2 片柠檬;

②牛奶使用奶盅;

③为旅客提供普通砂糖和怡口糖,若有方糖则提供两颗白方糖或两颗黄方糖,怡口糖为有需要的旅客单独提供;

④各类西式红茶需提供咖啡勺;

⑤加香茶不配奶,牛奶会破坏加香茶本来的香气。

(4)注意事项:

①提供餐后热饮时,可将桌布保留,并携带酒水单主动为旅客介绍热饮;

②提供袋泡茶和原叶茶时,无须另外加入矿泉水,但在端给旅客时需使用"热饮汤口,小心使用"之类的话语提醒旅客;

③发现旅客自带茶杯时,要主动询问是否需要添加茶水;

④正餐餐后热饮中的西式茶需要搭配巧克力,其他时间提供的西式茶需要搭配曲奇。

二、飞机上的咖啡服务

1. 咖啡的基础知识

1)咖啡的起源

咖啡树原产于非洲埃塞俄比亚西南部的高原地区,据说一千多年以前一位牧羊人发现羊吃了一种植物后,变得非常兴奋活泼,进而发现了咖啡。还有一种说法是因野火偶然烧毁了一片咖啡林,烧烤咖啡的香味引起了周围居民的注意,所以发现了咖啡。

2)咖啡的品种

常见的咖啡树种有阿拉比卡、罗布斯塔和利比利卡。

2. 飞机上的咖啡种类

1)意式浓缩咖啡

如图 5-40 所示是意式浓缩咖啡,其由咖啡机制作,使用浓缩咖啡杯,配黄方糖及白方糖、咖啡勺,餐后提供时需搭配巧克力。

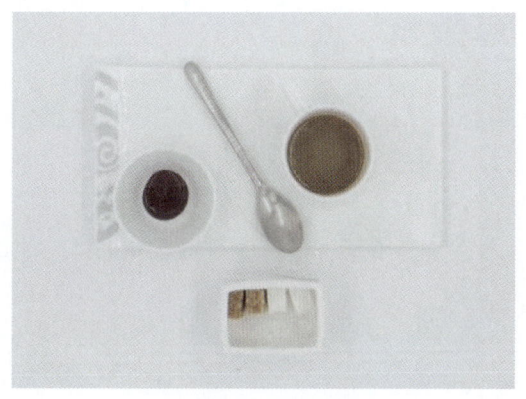

图 5-40 意式浓缩咖啡

2）美式咖啡

如图 5-41 所示是美式咖啡，其由咖啡机制作，使用咖啡杯，配黄方糖及白方糖、牛奶、咖啡勺，餐后提供时需搭配巧克力。

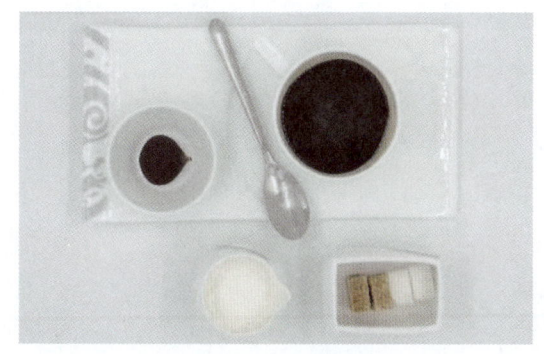

图 5-41 美式咖啡

3）皇家咖啡

如图 5-42 所示为皇家咖啡，其属于美式咖啡，将砂糖在咖啡杯内融化，加入白兰地后搅拌，配咖啡勺，餐后提供时需搭配巧克力。

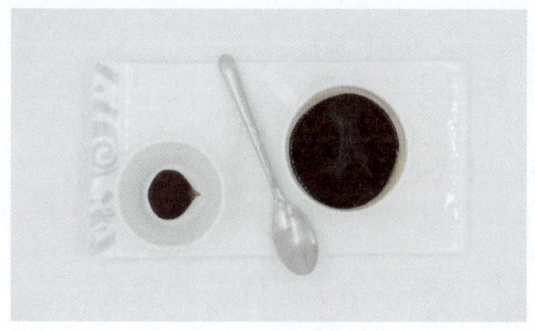

图 5-42 皇家咖啡

4）卡布奇诺

如图 5-43 所示是卡布奇诺，其由咖啡机制作，使用茶杯，提供咖啡勺、黄方糖及白方糖，餐后提供时需搭配巧克力。

图 5-43　卡布奇诺

5）冰咖啡

如图 5-44 所示是冰咖啡，其由咖啡机制作，使用饮料杯，制作方法是先加入半杯冰块、咖啡至 6 成，再加入冰块至八成，配糖精、奶球、搅拌棒。

图 5-44　冰咖啡

课后习题

简答题
（1）简述飞机上所需提供的热饮种类。
（2）简述中国 6 大茶系及其代表品种。

实践题
（1）分组练习飞机上中式茶的冲泡。
（2）分组练习飞机上不同种类咖啡的制作。

任务四　F 舱餐饮服务

知识目标

掌握 F 舱餐饮服务流程，注意细节优化。

技能目标

（1）掌握 F 舱的餐饮服务流程；
（2）掌握 F 舱餐饮服务中各环节的服务要点。

素质目标

餐饮服务是 F 舱客舱服务的重要组成部分，不仅影响旅客对航空公司的满意度，也反映了航空公司的服务能力。乘务员在做好餐饮服务规范化和标准化的同时，更要注重服务细节及个性化。餐饮服务也是乘务员与旅客建立良好关系的契机。

F 舱餐饮服务流程包括以下 15 个环节。

1. 餐前准备

（1）餐饮准备期间必须拉合厨房门帘，动作要轻柔，以免声响过大打扰旅客。
（2）供餐期间乘务员要穿围裙（见图 5-45），打扫洗手间时需要脱下围裙。
（3）乘务员在烘烤餐食和供餐前应洗净双手。
（4）乘务员在供餐前需检查服务用品及餐具是否清洁无污渍，提供热食及热饮的餐具和水杯需提前预热。
（5）应根据旅客需求和餐食种类确认烘烤温度和时间。一般肉食用中温烘烤 15～20 分钟，蔬菜用中温烘烤 5～10 分钟，面包、点心类用中温烘烤 10～15 分钟，在烘烤过程中要对餐食进行关注，以免过度烘烤影响餐食口感及美观。
（6）牛排应根据旅客的需要进行烘烤，飞机上一般提供五分熟和八分熟的牛排，烘烤时间分别为中温烘烤 20 分钟和 25 分钟，烘烤结束后要及时为旅客提供，以免长时间放置在烤箱中使牛排变硬。

2. 订餐服务

（1）为旅客提供餐谱及酒水单，并主动介绍餐食内容及饮料酒水等。提供时，应将餐谱置于左小臂内侧，酒水单在里、餐单在外，打开餐谱相应页递给旅客（见图 5-46）。

图 5-45　穿围裙为旅客供餐　　　　图 5-46　提供餐谱及酒水单

（2）餐谱和酒水单发放 5～10 分钟后，乘务员进行订餐服务。订餐时乘务员应蹲下主动为旅客推荐今天的主菜，再根据旅客选择的主食，推荐相应的酒水。

（3）准确记录旅客的用餐需求，订餐语言如表 5-1 所示，订餐动作如图 5-47 所示。

表 5-1 订餐语言

步骤		旅客回答	反应
1	请问，现在需要点餐吗	是	进入步骤 2
		否	确定用餐时间，并预订，进入步骤 2
2	本次航班有来自知名酒店的招牌菜，有兴趣品尝一下吗	是	介绍特色主菜并进入步骤 3
		否	推荐其他主菜并进入步骤 3
3	要点选搭配主菜的酒水吗	是	介绍或推荐酒水，并进入步骤 4
		否	直接进入步骤 4
4	主菜前还有前菜、沙拉和汤品，主菜后有餐后甜品，这样的安排可以吗	是	直接进入步骤 5
		否	调整并进入步骤 5
5	前菜有……您喜欢哪一款？汤有……您喜欢哪一款？沙拉酱有……您喜欢哪一款？您点选的前菜是……汤是……沙拉是……主菜是……酒水是……，是否有忌口	是	调整并进入步骤 6
		否	直接进入步骤 6
6	我们马上为您准备，提前祝您用餐愉快		

图 5-47 订餐动作

3. 铺桌布

（1）将桌布悬挂于手臂（见图 5-48），桌布数量应多于实际旅客人数。

（2）协助旅客打开小桌板。

图 5-48 铺桌布

（3）铺桌布时，轻轻拉开桌布边缘，将桌布平铺在桌板上。动作应熟练、优雅、一气呵成。

4. 摆放餐具

（1）依次摆放面包盘、黄油碟、胡椒粉、盐、餐具及冰水。点中式汤的旅客，摆瓷勺；点西式汤的旅客，摆钢勺。

（2）乘务员应动作轻柔，摆放位置正确。如图 5-49 所示是餐具的摆放位置。

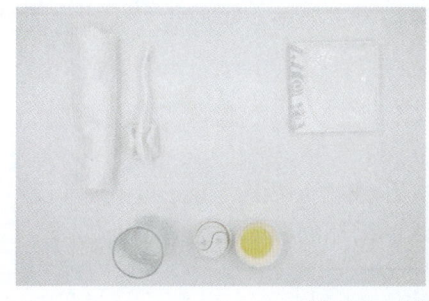

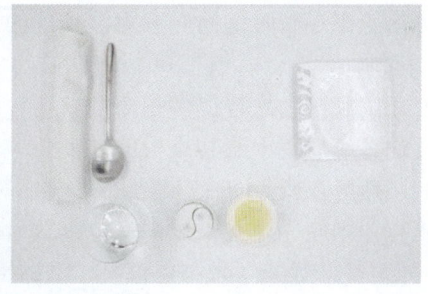

图 5-49 餐具的摆放位置

5. 送毛巾

（1）用热水浇湿毛巾，置于毛巾器保温，需使用毛巾碟装毛巾为旅客提供（见图 5-50）。

（2）毛巾不可过湿滴水，也不可外湿内干。

（3）如果有旅客要冷毛巾需单独提供。

6. 送面包

（1）所有面包均需加热，加热及提供面包时，应将蒜蓉包与其他面包隔开，避免串味。

（2）送出面包时，面包篮应低于旅客视线，便于旅客选择。

（3）乘务员应主动介绍面包的品种，然后根据旅客的选择用面包夹夹取后放在面包碟上，夹时不宜用力过大，以防面包变形。

图 5-50 餐前毛巾

（4）若使用面包袋提供面包，则需要确保面包袋内的面包种类齐全。

（5）提供面包服务应贯穿于整个餐饮服务过程中。

7. 送冷盘（前菜）

（1）前菜在装机前已完成摆盘，若在送餐前外形变化太大则应略加调整，部分冷盘需要乘务员浇汁后提供。

（2）乘务员应将冷盘中的主菜对着旅客。

8. 送汤

乘务员需要主动向旅客介绍汤的品种，并在旅客面前打开汤盖。

9. 送沙拉

乘务员应在点餐时询问旅客对沙拉汁的喜好，并在厨房浇好后为旅客提供。

10. 侍酒

（1）在主菜前为旅客提供葡萄酒。

（2）酒杯应放置于旅客桌板的右上角。

（3）酒瓶应在服务间开启，为旅客试酒时应向其介绍酒的产地、年份、口感等信息。若男女同行，则应先让女士试酒，待确认后将酒倒至酒杯的三分之二处。

（4）倒酒时，酒瓶不能碰触酒杯，酒标始终朝向旅客。

11. 配送主菜

（1）主餐盘需要事先加热。

（2）主菜的搭配原则为由左至右、由浅入深。

（3）主菜盘边缘及配菜之间要留有空隙，要求摆放美观。

（4）将主菜对着旅客。

（5）中式主菜提供筷子，西式主菜提供主菜刀叉，意面需要搭配主菜勺（见图 5-51）。

（6）牛排需用耐火石保温，并提供研磨胡椒。

12. 餐后水果、芝士、甜品的服务

1）摆车

在小推车的最上面一层摆好水果、芝士、冰淇淋、甜品，并准备相应的餐具；在小推车的第二层放备用物品(见图 5-52)。

图 5-51　主菜服务

图 5-52　餐后甜点服务

2）甜品

提供甜品时要介绍甜品名称并提供叉和勺(见图 5-53)。

图 5-53　甜品服务

3）芝士

一种芝士应配一把刀,以防串味。乘务员在配送芝士时应主动介绍芝士的名称、产地、特征和味道,搭配蔬菜条、水果、饼干,并提供刀叉(见图 5-54)。

图 5-54 芝士服务

4）冰激淋

在发放沙拉时，将冰激淋从干冰桶中拿出解冻，并与小钢勺和小方盘一同提供给旅客（见图 5-55）。

图 5-55 冰激淋服务

5）水果

乘务员应主动向旅客介绍水果的种类，同时提供刀叉（见图 5-56）。

图 5-56 水果服务

13. 餐后热饮

旅客用餐完毕后，乘务员应征询旅客对咖啡、茶等热饮的需求。送出热饮时，应将杯把平行放置于旅客的右手侧。

14. 餐后毛巾

旅客用餐完毕后，乘务员应给旅客提供餐后毛巾，并应及时收回旅客用完的毛巾。

15. 回收餐具、餐布

（1）应观察或询问旅客是否用餐完毕。

（2）用餐完毕后，应及时收回所有的餐具及服务用品。

（3）回收桌布时应将靠近旅客那端的桌布向外折叠，以免残渣落在旅客身上。

（4）回收餐具时应使用大托盘，并将餐具适当整理、摆放整齐，以防汤汁外溢。

课后习题

简答题

（1）简述 F 舱餐饮服务流程。

（2）简述 F 舱餐饮服务中应注意的细节。

项目小结

近年来，国内及国际航空运输市场竞争日趋激烈，提高经济效益已经成为航空公司的重要任务。我国航空公司头等舱和公务舱旅客约占全部旅客的 9%，但收入贡献却高达 40%，两舱旅客已经是航空公司重要的利润增长点。这就对两舱乘务员的服务提出了更高的要求，除了需掌握飞机上产品的使用及服务标准，还应具有丰富的知识储备，如飞机上产品的起源及历史知识、中国传统文化及各国的风土人情、社交礼仪等。

项目六　特殊情况处置

任务一　特殊旅客

知识目标

了解特殊旅客的定义和分类，掌握特殊旅客的运输规定和服务要点。

技能目标

能够对不同的特殊旅客提供针对性和个性化的服务。

素质目标

培养学生细心、耐心、真诚、周到的服务意识，能在为特殊旅客提供帮助时，给予更多的体贴和尊重，加强对特殊旅客的人文关怀。

案例导入

案例一　长大后我就成了你的"空中版"

最近，有一张15年前后的对比照片走红全网（见图6-1）。照片里的小伙子是东航的一名实习空乘，而带他的师傅竟然是自己15年前第一次坐飞机时合影的一位空姐。回忆起当时的场景，这个小伙子说："2004年是我第一次坐飞机，当时是从上海浦东飞往三亚旅游。妈妈在得到空姐的允许后给我拍了一张和空姐的合影。当时我就觉得这个大姐姐好温柔，好漂亮。"

图6-1

原本只是单纯发朋友圈感慨一下，没想到第二天他的领导就神神秘秘地走过来，问他想不想见一下照片里的这个姐姐。"我当时觉得领导是在开玩笑。全国有这么多航空公司，这么多空姐，而且这么多年过去了，怎么可能呢。"让他没有想到的是，第二天他的领导竟然真的把他带到了 15 年前合照的空姐面前。并且东航特意安排当时的空姐当他实习期间的带飞师傅。这就是飞行带给他们的奇妙缘分。

案例二　最美空姐跪地喂老人，真正的服务是发自内心的感情

在某个航班上，有一位患有脑梗的老年旅客，乘务员在发餐时就注意到老人用餐时特"别扭"，拿着餐勺的右手有点发抖，头低不下去，勺子里的饭根本无法顺利地送入口中。

这时候，乘务员赶紧走到老人面前，蹲下来关切地询问"您是不是不舒服？"，老人只是含糊地回应了一声。

凭着多年的服务经验，乘务员看出了老人的难处。于是，乘务员对老人说："您别着急，我来喂您吃吧。"当饭喂进老人嘴里的时候，老人的眼角泛出了泪花。

当老人听到乘务员要喂他吃饭，心里突然受到了触动，一下子就哭了。

乘务员还发现，米饭对老人来说还有些硬，老人不太好嚼，于是，在确认航班中有富裕的面条后，又为老人端来了一份面条，并一口一口地喂给老人吃。

老人非常感动，这种情绪也感染了周围的旅客，这一幕也被旁边的旅客拍下来，上传至朋友圈和微博，并对这位乘务员的服务大加称赞，网友们也对乘务员的用心服务赞叹不已。

乘务员自己谈到这件事情时却说："这没有什么，用心服务是自己的本职工作，这些都是微不足道的，老人辛苦一辈子，为社会做过贡献，我们应该善待他。"

案例三　厦航暖心空姐化身妈妈安抚宝宝

2021 年 3 月 17 日，厦门航空从沈阳飞往厦门的航班上出现了感人的一幕，一位带着婴儿的聋哑妈妈，在飞机上用餐时面对婴儿的哭闹手足无措，还遭到了其他旅客的不理解。此时，一旁的空姐抱起了喝奶的宝宝，将他靠在自己的肩膀上轻轻安抚。得以"解脱"的聋哑妈妈顺利地用完餐，舱内恢复了宁静，周围的旅客也松了一口气。落地后，许多旅客对于航班乘务员的贴心服务非常满意，纷纷要求和乘务员合影并大力赞扬。

一、特殊旅客

特殊旅客是指因身份、行为、年龄、身体状况等原因，在旅途中需要给予特殊礼遇和照顾的旅客。特殊旅客服务是航空公司及机场旅客服务中心针对航站楼内老、病、残、孕等特殊旅客群体设立的服务项目。特殊旅客之所以称为特殊旅客，是因为他们在某些方面需要给予特殊的照顾，或者在满足一定条件时才能承运。

1. 特殊旅客服务的原则

特殊旅客必须符合一定条件方可乘机。对特殊旅客的服务应该在不影响航班正常运行的情况下有序进行，并遵守以下原则。

1）优先办理

销售部门和机场服务部门应设置专柜或采取相应措施以保证特殊旅客能够优先办理相关登机手续。

2）优先成行

任何原因造成部分订妥座位的旅客不能成行时，应优先保证特殊旅客的运输。

3）优先座位

优先为特殊旅客安排适宜的座位。

4）优先存放和运输

保证特殊旅客随身携带的辅助设备获得优先存放区域，托运的辅助设备得到优先运输。

2. 特殊旅客的分类及定义

1）重要旅客

重要旅客指符合一定身份、职务在旅途中需要特殊礼遇的旅客，在航班中也称为"要客"。重要旅客可以分为以下 5 种。

（1）特殊重要旅客（Special Very Important Person，简称 SVIP）：中共中央政治局常委。

（2）最重要旅客（Very Very Important Person，简称 VVIP）：我国党和国家领导人，经民航局专机办公室确认的外国领导人。

（3）公司指定的其他重要旅客（Very Important Person，简称 VIP）：省、部级（含副职）以上的负责人；军队在职少将以上的负责人；公使、大使级外交使节；由各部、委以上单位或我国驻外使、领馆提出要求按重要旅客接待的客人。

（4）工商企业界重要旅客（Commercial Important Person，简称 CIP）：工商业、经济和金融界重要、有影响的人士，重要的旅游业领导人。

（5）航空公司重要旅客：航空公司内部重要领导、董事会成员，航空公司交办的重要客人。

2）儿童旅客/无成人陪伴儿童旅客

有成人陪伴的儿童旅客（Child，简称 CHD）指航空运输开始之日年龄已满 2 周岁但未满 12 周岁的旅客。

无成人陪伴儿童旅客（Unaccompanied Minor，简称 UM）指航空运输开始之日年龄满 5 周岁但未满 12 周岁，并且无 18 周岁及以上成人陪伴单独乘机的儿童旅客。

3）婴儿旅客

婴儿旅客（Infant，简称 INF）指航空运输开始之日年龄已满 14 天但未满 2 周岁的旅客。

4）孕（产）妇旅客

孕妇旅客（Pregnant）指怀孕旅客。

产妇旅客（Puerperant）指在分娩期后和产褥期中的女性旅客。

5）老年旅客

按照国际规定，60 周岁以上的人为老年人。我国《老年人权益保障法》第二条规定老年人的年龄起点标准是 60 周岁，即凡年满 60 周岁的中华人民共和国公民都属于老年人。

老年旅客是指乘机之日起的年龄达到航空公司规定的老年人运输服务标准的旅客。

目前国内的有些航空公司对老年旅客有明确的年龄标准规定，有些航空公司定义老年旅客为自旅行之日起年龄超过 70 周岁（含 70 周岁），有些航空公司定义为年满 65 周岁，并且超过标准年龄时需提供相应的证明。

6）盲人旅客

盲人旅客指双目失明的旅客。

7）聋哑旅客

聋哑旅客指有听说障碍的旅客。

8）轮椅旅客

轮椅旅客指身体适宜乘机，但行动不便，需要轮椅代步的旅客。

9）担架旅客

担架旅客（Stretched Passenger，简称 STCR）指在旅行过程中，由于病（伤）情危重，不能自主上下飞机及在客舱内不能使用座椅而需使用担架的旅客。

10）押解的犯罪嫌疑人

押解的犯罪嫌疑人（Culprit，PRSN）指公安、法律部门通过航空运输押解的犯罪嫌疑人、罪犯，以及被公安部门管束的人。

11）肥胖旅客

肥胖旅客指体重超过 150 公斤的旅客。

12）航空公司会员旅客

（1）航空公司会员旅客的定义。

某位旅客经常乘坐某航空公司的航班，并加入该航空公司的常旅客计划，成为其会员，俗称常旅客。

（2）国内部分航空公司的常旅客计划。

中国国际航空股份有限公司常旅客奖励计划：凤凰知音。

中国东方航空股份有限公司常旅客奖励计划：东方万里行。

中国南方航空股份有限公司常旅客奖励计划：明珠俱乐部。

海南航空股份有限公司常旅客奖励计划：金鹏俱乐部。

四川航空股份有限公司常旅客奖励计划：金熊猫计划。

厦门航空有限公司常旅客奖励计划：白鹭卡。

（3）航空公司的会员卡等级：普卡、银卡、金卡、白金卡、企业金卡。

13）其他需求旅客

其他需求旅客包括要求更换座位的旅客、精神迟滞旅客、情绪不稳定旅客、晕机旅客等。

二、特殊旅客服务要点

1. 重要旅客

重要旅客的服务要点如下所述。

（1）旅客登机阶段。

①登机前确认重要旅客的乘机信息，保持饱满的服务热情迎接重要旅客登机。

②重要旅客登机时要对其进行友好的问候，提供姓氏、职位称呼并引导其入座，协助重要旅客妥善安排好行李。服务用语示例为"××官职/先生/女士，欢迎您乘坐我们的航班，很荣幸能为您提供服务。"

(2) 飞机起飞前阶段。

①乘务员主动向重要旅客进行自我介绍并表达诚挚的欢迎,介绍本次航班的飞行航程、飞行时间、高度和预计到达的时间、航站楼、飞行的天气情况等。服务用语示例为"××官职/先生/女士,欢迎乘机,我是今天为您服务的乘务员,如有任何需要,可以随时和我联系,祝您旅途愉快。""××官职/先生/女士,我们从××到××的飞行航程大概是 600 公里,时间大约是 1 小时 30 分钟,飞行高度约在 10000 米左右的高空……"。

②介绍服务设备的位置和使用方法。

③递送热毛巾和饮料,了解重要旅客的用餐习惯、喜好和特殊要求。服务用语示例为"××官职/先生/女士,请使用热毛巾。"

④落实起飞前的各项安全检查工作,确保重要旅客的飞行安全。

(3) 飞机飞行阶段。

①为重要旅客服务时应主动周到,提供人性化、个性化的服务。服务用语示例为"您好,××官职/先生/女士,请问您的衣服需要我帮您挂起来吗?"

②重要旅客休息时,应主动提供拖鞋、丝绵被,并帮助其调整座椅靠背,关上遮光板,适时地调整服务组件。服务用语示例为"您好!××官职/先生/女士,这是我们为您准备的拖鞋、丝绵被,这样您休息得会更舒服些。"

③乘务员应该全程关注客舱安全,切实保障重要旅客的飞行安全。飞行中要尊重重要旅客的意愿,做好重要旅客身份的保密工作。

(4) 飞机落地阶段。

①飞机停稳后,应协助重要旅客整理好衣帽及行李物品,让其优先下机。

②及时检查座椅和行李架、衣帽间,如有遗失物品,应立即归还。

③向重要旅客致谢、道别。

服务用语示例为"××官职/先生/女士!感谢您乘坐我们的航班,再见,请慢走!"

2. 儿童旅客/无成人陪伴儿童旅客

儿童旅客/无成人陪伴儿童旅客的服务要点如下所述。

(1) 旅客登机阶段。

①登机前确认儿童旅客/无成人陪伴儿童旅客的乘机信息,并在登机时给予特别关注。服务用语示例为"小朋友,您好,欢迎您的到来,接下来由哥哥/姐姐(客舱乘务员)陪你一起坐飞机好不好?"

②帮助无成人陪伴儿童旅客提拿及放置行李,安排无成人陪伴儿童入座。服务用语示例为"小朋友,您表现得真棒。"

③乘务员与地面服务部门要仔细交接各类单据,了解无成人陪伴儿童旅客随身携带的证件、手提行李数量及旅客家长提出的特殊要求,并帮助无成人陪伴儿童旅客妥善保管旅行证件(见图 6-2)。

(2) 飞机起飞前阶段。

①指定专门的乘务员对无成人陪伴儿童旅客进行全程照看。

②向无成人陪伴儿童旅客介绍呼唤铃、阅读灯等服务设施的使用方法及邻近的卫生间位置。服务用语示例为"小朋友,这个是飞机上的呼唤铃,您有需要找姐姐帮忙的,就按这个按钮。"

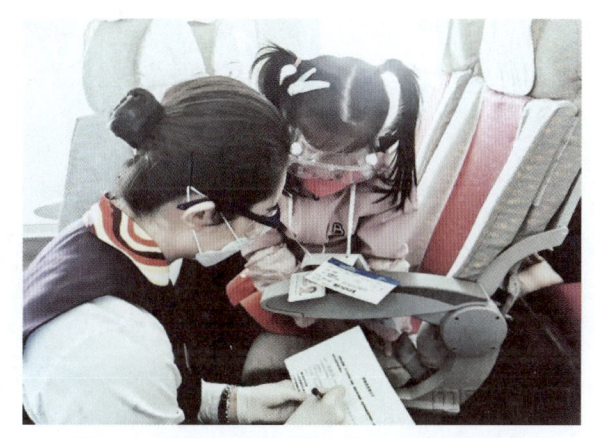

图 6-2 乘务员登记无成人陪伴儿童旅客信息

③帮助其系好安全带,并告知开启的方法。

④不要把其安排在应急窗口和应急出口旁的座位上,应安排在乘务员照顾方便的座位上。

(3)飞机飞行阶段。

①就餐期间,可以帮助低龄无成人陪伴儿童旅客分餐进食,始终关注其就餐过程,并做好记录,方便其家长了解孩子在飞机上的用餐情况。

②飞行过程中,时刻关心其身体状况。例如,是否有压耳的感觉,向其解释原因,并告诉缓解的方法。

③飞机下降前,告知其落地后不要急于下飞机,先在座位上休息等候,等待地面服务人员接机,同时帮助无成人陪伴儿童旅客整理行装,根据两地温差情况,协助其增减衣物,关照其最先或最后下机等事宜。

(4)飞机落地阶段。

乘务员帮助无成人陪伴儿童旅客提拿行李并带领其到客舱门口,与地面服务部门办好交接工作,并留存《特殊旅客服务交接单》。(注意:在没有地面服务人员陪同时,无成人陪伴儿童旅客不得独自下飞机。)

3. 婴儿旅客

婴儿旅客的服务要点如下所述。

(1)旅客登机阶段。

①登机前确认婴儿旅客的乘机信息,并在登机时由指定的乘务员帮助带婴儿的旅客提拿随身物品,但一般不要帮旅客抱孩子。

②帮助带婴儿的旅客安排座位,安放好随身物品,帮助带婴儿的旅客系上安全带并告诉解开的方法,用毛毯或枕头垫在婴儿的头部(见图 6-3)。

③当旅客携带折叠式婴儿车时,若客舱空间允许,则可带入客舱。

(2)飞机起飞前阶段。

①乘务员主动介绍洗手间及婴儿护理板的位置,以及服务组件的使用方法。

②调整好通风器,不要让通风器直接对着婴儿及其母亲身体吹风。

③提醒靠过道的抱婴儿的旅客让婴儿的头部朝着非过道方向。

图 6-3　婴儿旅客坐飞机

（3）飞机飞行阶段。
①全程关注携带婴儿的旅客，并提供周到的服务。
②协助带婴儿的旅客冲泡奶粉，应注意询问奶粉的使用克数、有无特殊要求等，同时注意冲泡时水的温度；若预订了婴儿餐，则应及时与旅客沟通，提前为婴儿准备餐食。
③飞机下降时，提醒带婴儿的旅客唤醒婴儿，以免压耳。
（4）飞机落地阶段
①帮助携带婴儿的旅客提拿行李并陪同其到客舱门口，并提醒其抱好婴儿。
②如果接收了婴儿车，那么在飞机停稳后，应及时将婴儿车归还给旅客。

小知识

飞机上婴儿摇篮特殊服务的规定

许多航空公司在一些国际航班上，可为不占用机上座位的婴儿提供机上婴儿摇篮的特殊服务（见图6-4）。同时，为使资源得到更合理的利用，规定只接收一岁以下、身高70厘米以下、体重15千克以下的婴儿。

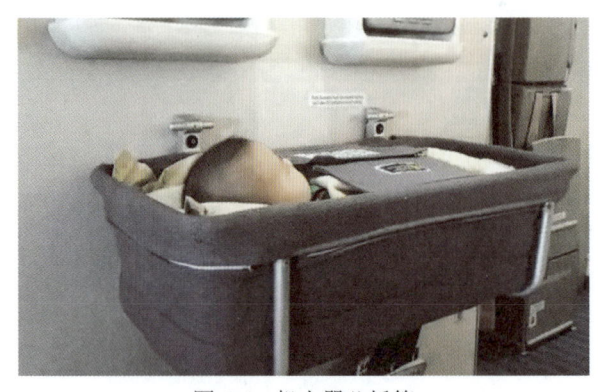

图 6-4　机上婴儿摇篮

4. 孕（产）妇旅客
孕（产）妇旅客的服务要点如下所述。
（1）旅客登机阶段。
①主动帮孕（产）妇旅客提拿、放置行李，并引导其入座。

②出口座位安排了孕（产）妇旅客时，应及时调整其座位。

(2) 飞机起飞前阶段。

①主动介绍客舱服务设备，在飞机起飞和下降前帮助孕妇在其小腹下部垫一条毛毯或一个枕头。

②帮助孕（产）妇旅客打开安全带，将毛毯覆盖在其小腹上，告诉旅客可以把安全带系在大腿根部。孕（产）妇旅客如果需要加长安全带，乘务员还应向其介绍加长安全带的使用方法。

(3) 飞机飞行阶段。

①向孕（产）妇旅客介绍洗手间及最近的出口位置，多准备呕吐袋，并告知有任何需要请与乘务员联系。

②提醒不要饮用咖啡及冰镇饮料，全程关注孕（产）妇旅客情况，照顾好孕（产）妇旅客，及时解决相关问题。

(4) 飞机落地阶段。

①若孕（产）妇旅客无人陪伴，则应帮助孕（产）妇旅客提拿行李并陪同其到飞机门口。

②提醒孕（产）妇旅客小心慢走，注意台阶。

小知识

航空公司关于孕（产）妇旅客的运输规定

由于在高空飞行时，空气中的氧气成分相对减少、气压降低，因此航空公司对于孕（产）妇旅客的运输有一定的限制条件。

怀孕32周或不足32周的孕妇乘机，除医生诊断不适宜乘机者外，可按一般旅客运输。

怀孕超过32周的孕妇乘机，应提供包括旅客姓名、年龄、怀孕时间、旅行的航程和日期、是否适宜乘机、在飞机上是否需要提供其他特殊照顾等内容的医生诊断证明。

医生诊断证明应在旅客乘机前72小时内填开，应提供二级以上医疗单位（含二级医院）医生出具的适宜乘机诊断证明。

妊娠超过36周（含36周）、预产期不确定但已知为多胎分娩或预计有分娩并发症者，一般不予接收运输。

5. 老年旅客

老年旅客的服务要点如下所述。

(1) 旅客登机阶段。

①搀扶无人陪伴老年旅客登机，引导其入座，并帮助提拿、安放随身携带物品。

②指导老年旅客系好安全带，并示范解开的方法。

(2) 飞机起飞前阶段。

①向无人陪伴老年旅客介绍呼唤铃、阅读灯等服务设备的使用方法及邻近的卫生间位置。

②确认无人陪伴老年旅客的手机处于飞行模式或关机状态。

(3）飞机飞行阶段。

①老年旅客上机后乘务员应主动送上毛毯，并主动告知飞行距离和飞行时间，介绍客舱服务设备。

②乘务员应主动介绍供应的餐食，尽量提供热饮。应建议老年旅客喝无糖、健康型饮料，如矿泉水等；递饮料时，要提醒老年旅客拿好，或者放在桌子上。

③帮助老年旅客打开餐盒，撕开刀叉餐具包装袋。

④飞行途中，要经常询问老年旅客是否需要帮助。

⑤飞机下降前，询问老年旅客的压耳情况，向其解释原因，并告诉缓解的方法。

⑥飞机落地后提醒老年旅客先在座位上休息等候，不要着急，待飞机停稳后再起身。

（4）飞机落地阶段。

①下机前，帮助无人陪伴老年旅客整理行装，根据两地温差情况，协助其增减衣物。

②要搀扶无人陪伴老年旅客下机并交代地面服务人员给予照顾。

③提醒老年旅客小心慢走，注意脚下。雨雪天气要提醒小心地滑，注意安全。

6. 盲人旅客

盲人旅客的服务要点如下所述。

（1）旅客登机阶段。

①乘务员主动搀扶盲人旅客，引导入座，帮助其提拿行李和安放行李。

②就座后，帮助安放手提物品，帮助系好安全带并讲解解开的方法。如果盲人旅客随身带有导盲犬，可将导盲犬放在盲人座位的前面。

（2）飞机起飞前阶段。

①介绍飞机上的旅客服务组件，包括呼叫按钮、座椅调节按钮和餐桌的使用方法（切忌介绍阅读灯），带其触摸旅客服务组件并教其使用。

②介绍应急出口的方向、位置及安全设备的使用方法，并带其触摸各种服务设备。

（3）飞机飞行阶段。

①为盲人旅客供应餐饮时，切肉、加沙拉酱等工作要在厨房进行。

②为盲人旅客提供餐饮服务时，乘务员要将各种食品以时钟的位置向其介绍，告诉盲人旅客从哪开始食用，并提醒哪一种是烫的。

③需指派专门的乘务员负责关注盲人旅客，经常询问盲人旅客的需求。

（4）飞机落地阶段。

①乘务员应主动将盲人旅客送下飞机，并交代地面服务人员给予照顾。

②提醒盲人旅客小心慢走，注意脚下。雨雪天气要提醒小心地滑，注意安全。

7. 聋哑旅客

聋哑旅客的服务要点如下所述。

（1）旅客登机阶段。

乘务员主动引导聋哑旅客入座，帮助其提拿行李、安放行李。

（2）飞机起飞前阶段。

借助纸、笔向聋哑旅客介绍安全带、呼叫按钮、座椅、餐桌的使用方法及邻近的卫生间位置，介绍应急出口的方向、位置及安全设备的使用方法。

（3）飞机飞行阶段。

①乘务员与聋哑旅客交谈时目光要直视旅客，吐字清晰，语调正常，同时放慢说话速度，若旅客不明白或语言不通，则需借助文字、符号或手势进行表达，但必须有礼貌。

②听力障碍旅客听不到广播，乘务员应以书面形式将广播信息提供给旅客，包括延误或改航班等重要信息。

③乘务员单独向具备乘机条件的聋哑旅客介绍安全须知时，应尽可能小心谨慎。

（4）飞机落地阶段。

①乘务员应主动送聋哑旅客下飞机，并交代地面服务人员给予照顾。

②提醒聋哑旅客小心慢走，注意脚下。雨雪天气要提醒小心地滑，注意安全（可借助文字）。

8. 轮椅旅客

轮椅旅客的服务要点如下所述。

（1）旅客登机阶段。

主动帮助轮椅旅客入座，帮助其提拿、放置行李，协助其就座并扣好安全带。

（2）飞机起飞前阶段。

向轮椅旅客介绍安全带、呼叫按钮、座椅、餐桌的使用方法，并介绍紧急出口的方向、位置及安全设备的使用方法。

（3）飞机飞行阶段。

①协助轮椅旅客往返卫生间。

②询问轮椅旅客下机时需要帮助的地方，并告知落地后不要急于下飞机。

③飞机下降前通知飞行机组核实到达站的旅客轮椅申请情况。

④飞行过程中随时照顾轮椅旅客，并帮助其解决相关问题。

（4）飞机落地阶段。

①当到达站地面服务人员因故接机晚到时，应及时与轮椅旅客沟通，除非轮椅旅客自行提出要求，否则不允许委托其他旅客协助其下机或让其自行离开。

②提醒轮椅旅客出舱门要小心，带好随身行李物品。

小知识

轮椅旅客的运输规定

根据航空公司的运输规定，同一航班上的轮椅旅客的数量是有限制的，因此需要轮椅服务的旅客要提出以下申请：

①机下轮椅（WCHR）是为能够自行上下飞机，在客舱内能自己行走到座位上，仅在航站楼、停机坪与飞机之间需要协助的旅客提供的轮椅。

申请机下轮椅的旅客，应向航空公司直属售票部门（不含销售代理人），在航班预计起飞时间24小时（含）之前提出申请。

②登机轮椅（WCHS）是为不能自行上下飞机，但在客舱内能自己走到座位上去的旅客提供的轮椅。

申请登机轮椅的旅客,应在航班起飞时间36小时(含)之前向航空公司直属售票部门(不含销售代理人)提出申请。

③机上轮椅(WCHC)是经适航许可,在客舱内供无行走能力的旅客使用的轮椅。

申请机上轮椅的旅客,应在航班起飞时间36小时(含)之前向航空公司直属售票部门(不含销售代理人)提出申请。

④残疾人代表团应提前72小时(含)向航空公司直属售票部门(不含销售代理人)提出申请。

9. 担架旅客

担架旅客的服务要点如下所述。

(1)旅客登机阶段。

①应指定专门的乘务员担任担架旅客的服务工作,该乘务员应具备良好的服务意识、较高的技能水平及冷静果断处理突发事件的能力。

②乘务员应协助地面服务部门将担架旅客接上飞机,按指定的座位入座,并系好安全带(见图6-5)。

图6-5　在飞机上给担架上的患病女孩系上安全带

(2)飞机起飞前阶段。

①乘务员要主动了解担架旅客的信息,包括旅客姓名、座位号码及飞行中可能需要的帮助。

②乘务员要主动为担架旅客提供毛毯、枕头,并提醒担架旅客头部朝向机头方向,飞机下降时要垫高担架旅客的头部。

(3)飞机飞行阶段。

①乘务员应全程关注旅客的乘机情况,并及时提供所需的服务。

②供应饮料和餐食时,要与担架旅客或其陪同人员商量,根据情况提供特殊服务。

③飞机下降前应通知飞行机组与到达站相关部门落实担架旅客下机后的服务保障。

(4)飞机落地阶段。

①乘务员要告知担架旅客应最后下飞机。

②主动协助担架旅客整理、提拿随身物品,并与地面服务人员做好交接工作。

10. 押解的犯罪嫌疑人

押解的犯罪嫌疑人的服务要点如下所述。

（1）旅客登机阶段。

乘务员要时刻关注该类旅客的状况，配合机上安全保卫人员对押解的犯罪嫌疑人所坐的区域进行重点检查。

（2）飞机起飞前阶段。

押解的犯罪嫌疑人的座位必须安排在客舱后部，位于押解人员之间，并且不得靠近过道或任何出口。

（3）飞机飞行阶段。

①乘务员应按照一般旅客的服务标准为押解的犯罪嫌疑人服务，不要因为其身份原因而异常对待，以免引起其他旅客的不安。

②不得向押解的犯罪嫌疑人和押解人员提供含酒精的饮料。

③不得向押解的犯罪嫌疑人和押解人员提供金属餐具。

（4）飞机落地阶段。

①应安排押解的犯罪嫌疑人最后下机。

②待所有旅客下机后，乘务员应与机上安全保卫人员对押解的犯罪嫌疑人所坐的区域进行重点检查。

11. 肥胖旅客

肥胖旅客的服务要点如下所述。

①对于肥胖旅客，在迎客阶段像正常旅客服务一样，不能另眼相看。服务时只是要关注该旅客是否坐在紧急出口位置；

②肥胖旅客应坐在靠近地板高度的出口附近。

③若有可能，则安排肥胖旅客坐两个座位并为其提供加长安全带。

12. 航空公司会员旅客

航空公司会员旅客的服务要点如下所述。

（1）金卡、白金卡、银卡会员旅客。

乘务员通过旅客信息系统查询会员旅客信息，并指定乘务员为其提供全程服务。会员旅客登机后，乘务员要主要向其表示欢迎，并为其提供热毛巾、报纸、瓶装矿泉水、毛毯、枕头、拖鞋等。服务用语示例为"您好，请问您是我们金卡/白金卡/银卡××先生/女士吗？很高兴又见到您，这是为您准备的××（服务用品），如果您在航班中有任何需要可以随时呼叫我们，祝您旅途愉快，谢谢。"

（2）普通卡会员旅客。

生日当天乘机时赠送其一张生日祝福卡。

13. 其他需求旅客

1）要求更换座位旅客的服务要点

原则上旅客应按照登机牌对号入座，因特殊原因更换座位的旅客，乘务员应对其进行评估。除紧急情况下的机长指令外，不允许大量旅客纵向移动。

2）精神迟滞旅客的服务要点

精神迟滞旅客的精神状态和行为变化有异于正常旅客，乘务员在航班中应密切关注。

3）情绪不稳定旅客的服务要点

情绪不稳定的旅客会有不稳定的言语和行为，乘务员在航班中应密切关注，尽量避免激化旅客情绪的动作和语言。

4）晕机旅客的服务要点

（1）根据症状让其松开领带、腰带和安全带等。

（2）请旅客放松心情，多做深呼吸。打开通风口，调节椅背，帮助其撕开清洁袋，为其提供温水。

（3）及时送上温开水和毛巾，必要时在征求旅客同意的情况下提供晕机药品。对于晕机严重的旅客，可提供氧气。

（4）旅客呕吐后，及时更换清洁袋，按需要调整其座位，并提供纸巾、热毛巾和温水。

（5）及时擦净被弄脏的衣服、行李和地毯。

（6）如果座椅被弄脏，那么在有条件的情况下可为旅客调换座位，没有空座位时，可更换座椅套或在擦干净的座椅上铺上毛毯等物品。

课后习题

简答题

（1）特殊旅客的定义及范围。

（2）重要旅客的服务要点。

（3）在为无成人陪伴儿童服务时需要注意哪些事项？

（4）婴儿旅客坐飞机时需要准备哪些证件？

（5）航空公司可以承运的轮椅旅客有哪几类？

（6）孕妇旅客乘机时的服务要点。

（7）如何为聋哑旅客介绍机上的服务设备？

（8）为押解的犯罪嫌疑人提供餐饮服务时应注意哪些问题？

（9）航空公司会员旅客的服务要点？

（10）如何为晕机旅客服务？

任务二　特殊餐食

知识目标

熟悉飞机上为旅客提供的特殊餐食的种类和发放标准。

技能目标

能够正确规范地给旅客提供特殊餐食。

素质目标

通过学习，能够理解旅客不同的宗教信仰，并给予尊重；能够通过发放特殊餐食表达出人文关怀。

案例导入

东航开展特殊餐食提前预约服务

2021 年 9 月东航在其官网、官方 APP、微信小程序中推出特殊餐食预约服务，据了解此次东航推出的特殊餐食预约服务共覆盖素食类、关爱类、健康类、儿童类和特殊类 5 大类，涉及 23 个具体品种。例如，刚断奶不久的宝宝需要易咀嚼消化的特殊餐食，旅客用餐有乳糖摄入限制或想要高纤维、海鲜、纯水果的特殊餐食等。其中，大部分品种都已覆盖东航实际承运的国内配餐航班，也有个别餐食品种，根据需求者特点，主要配备上海出港的国际远程航班。与此同时，东航的航班餐谱在线查询功能也已经上线，通过东航官网和官方 APP，旅客还能够提前查询所搭乘航班的餐食品质，此次东航特殊餐食预约服务深受旅客好评。

一般旅客由于宗教信仰、年龄、身体情况等特殊原因无法食用航空公司配发的航空餐，因此各大航空公司为了满足这类旅客的饮食需求会提供特殊餐食服务。有特殊餐食需求的旅客，需要在订票时或至少在飞机起飞前 24 小时预订。

一、特殊餐食的种类

特殊餐食按照不同的划分依据可分为不同的种类，常见的划分方式如下所述。

1. 不同的宗教信仰

（1）穆斯林餐（清真餐）：Moslem Meal，简称 MOML/MSML。

（2）以色列餐（犹太餐）：Kosher Meal，简称 KSML。

（3）印度教徒餐（兴都餐）：Hindustan Meal，简称 HNML。

（4）素餐（无奶、无蛋）：Vegetarian Meal，简称 VGML。

①东方素餐：ORVG Meal，简称 ORVG。

②西式素餐：Vegetarian Lacto-ovo Meal，简称 VLML。

③印度素食：Indian Vegetarian Meal，简称 IVML。

2. 不同的年龄

（1）婴儿餐：Baby Meal（Infant meal），简称 BBML。

（2）儿童餐：Children Meal，简称 CHML。

3. 不同的身体状况

（1）鲜水果餐：Fruit Plate Meal，简称 FPML。

（2）生菜餐：Raw Vegetarian Meal，简称 RVML。

（3）胃溃疡餐：Bland Meal，简称 BLML。

（4）糖尿病餐：Diabetic Meal，简称 DBML。

（5）无谷类餐（无麸质餐）：Gluten Free Meal，简称 GFML。

（6）低热能餐：Low Calorie Meal，简称 LCML。

（7）低胆固醇餐（低脂肪餐）：Low Cholesterol In（Low Fat）Meal，简称 LFML。

（8）低蛋白餐：Low Protein Meal，简称 LPML。

（9）低盐餐：Low Sodium Meal，简称 LSML。

（10）无乳糖餐：No Lactose Meal，简称 NLML。

(11) 高纤维餐：High Fiber Meal，简称 HFML。

4. 其他

(1) 海鲜餐：Seafood Meal，简称 SFML。

(2) 日餐：Japanese Meal。

二、特殊餐食的提供标准

以下介绍几种飞机上特殊餐食的提供标准。

1. 穆斯林餐（清真餐）

穆斯林餐是专门为不食用猪肉的伊斯兰教徒准备的餐食（见图 6-6）。由于伊斯兰教徒不喜欢四条腿的动物及蛤蜊、贝类、乌龟和章鱼等，因此常以鸡肉、米饭、蔬菜和鱼类为餐食，并且烹调过程中不使用酒精。乘务员在为这类旅客服务时，严禁提供含酒精的饮料。

图 6-6　飞机上的穆斯林餐

2. 以色列餐（犹太教餐）

以色列餐是专门为犹太教徒准备的餐食（见图 6-7），按照犹太教的规定，烹饪必须在祈祷后完成。以色列餐只在国际航班上提供，并且需在航班起飞前 72 小时向售票处提出申请。乘务员提供餐食时严禁打开外包装。

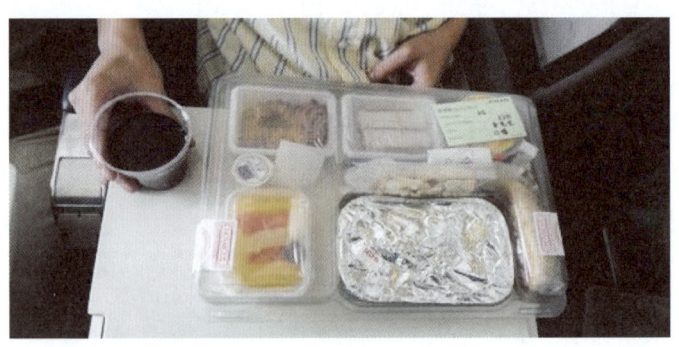

图 6-7　飞机上的犹太餐

3. 印度教徒餐（兴都餐）

印度教徒餐主要是经过蒸煮的鸡肉、鱼肉、羊肉、蔬菜、米饭和水果。乘务员提供餐食时不能使用左手。

4. 儿童餐

航空公司一般会针对 2~12 岁儿童的用餐习惯、口味偏好及成长需求精心研制儿童飞机餐，如图 6-8 所示是川航儿童餐。儿童餐一般需要提前预订，一般可以通过航空公司的官网、APP、微信等渠道进行预订。

图 6-8　川航儿童餐

三、面对有特殊餐食需求的旅客

（1）对于有预订餐食的旅客（地空交接单上有标注），在发餐前乘务员需要主动向旅客确认餐食，并单独用托盘为其发放特殊餐食。服务用语示例为"先生/女士您好，你预订了××餐是吗？……好的，谢谢您！我们马上为您送过来！"

（2）对于没有预订特殊餐食的旅客，我们应尽量满足其需求并告知他下次在起飞前 24 小时预订。服务用语示例为"您好先生/女士，很抱歉，刚刚为您核实过了，我们现在飞机上没有××餐了，我们有××，您看可以吗？下次您可在航班起飞前 24 小时打电话预订，这样就会有份专门为您准备的××餐了，谢谢。"

（3）在餐饮服务时，当有旅客提出预订了特殊餐食，乘务员务必再次核对配餐单上的信息，确认机上未配备时，应向旅客真诚致歉，并主动介绍机上现有餐食，若旅客接受则对其的理解表示感谢，若旅客不接受道歉，则乘务组应调配机上资源采取补救措施，尽力做好弥补服务。

课后习题

简答题

（1）飞机上的特殊餐食如何预订？
（2）在餐饮服务时，若旅客提出需要特殊餐食，乘务员应该如何服务？

任务三　机上特情处置

知识目标

了解飞机上常见的服务特情及扰乱行为。

技能目标

能够迅速判断飞机上发生的特殊情况，并按照相应的处置原则进行处置。

素质目标

能够具备大局意识，遵循"安全第一、服务至上"原则，细心、耐心、用心地面对旅客，注重旅客的感受，积极、关切地为旅客解决问题。

乘务员每次执行航班任务时，都希望给旅客带来安全、舒适的乘机体验。但有时也会出现一些特殊情况，如旅客反映餐食中有异物、旅客衣物被弄脏、航班延误等，乘务员在面对突发情况时，应在保证飞行安全的情况下，高质量地处置这些情况，以得到旅客的认可。

一、一般服务特情处置

1. 航班延误

（1）第一时间广播通知旅客，做好解释和安抚工作，并提供相应服务。

（2）掌握延误信息，乘务员统一口径，及时让旅客了解航班延误信息，不要隐瞒。着重说明有关工作人员正在积极工作，争取航班尽早起飞。

（3）积极为旅客办理和协调一切因延误造成的困难和问题，如中止旅行或改签其他航班等。

（4）可为旅客播放机上娱乐视频，视情况提供矿泉水、茶水、小吃，打开机上洗手间以供旅客正常使用。

（5）每隔30分钟广播一次最新的延误信息，并向旅客表达诚挚的歉意，同时感谢旅客的理解和配合。

（6）严格监控好应急出口，防止旅客触碰。

2. 旅客拍照

（1）尽量避免面对旅客的镜头。

（2）用委婉的语气提示旅客不要给乘务员拍照，恰当制止其拍照行为。

（3）注意态度和说话方式，可礼貌地提醒旅客删除有关乘务员的照片，不可夺取旅客的拍照设备。

3. 旅客受伤

（1）发现旅客因行李、飞机颠簸、餐车等受伤时，应第一时间向旅客道歉，并根据受伤的类型进行相应的处理。

（2）及时了解事情的经过，并告知所有乘务员。

（3）如果旅客受伤严重，那么应及时告知机长，听从机长安排。乘务员要全程对受伤旅客照看，让旅客感受到乘务员的用心。

（4）处理过程中，乘务员要注意态度和说话方式及对自身的保护，必要时请周围旅客提供书面证明。

（5）如果旅客提出赔偿等要求，那么不能私自向旅客承诺任何要求，应委婉告知旅客该事情应由公司解决，并请机长联系地面相关人员进行处理。

4. 发餐时，旅客提出其他需求

（1）在条件允许的情况下，尽量第一时间满足旅客的需求。

（2）当不能立刻满足旅客的需求时，要向旅客解释清楚，表示歉意，后续应及时弥补。

（3）当旅客提出要增加餐食等有限物品时，乘务员之间要事先沟通，预留出用餐旅客的餐食，在有富余的情况下给旅客加餐，如果餐食未有富余，那么应向旅客表示歉意，并尽量找一些其他的小食或面包送给旅客，让旅客感受到乘务员的诚意和重视。

5. 旅客反映餐食中有异物

（1）第一时间向旅客表示诚挚的歉意，及时为旅客更换餐食。与旅客做进一步沟通，安抚旅客情绪，了解旅客意愿，尽量避免旅客投诉。

（2）将情况告知其他乘务员，在后续的服务过程中，尽量满足旅客的需求，让旅客感受到乘务员的关心。

（3）不可一味将责任推卸给其他部门，避免旅客认为乘务员有推诿之嫌。

（4）乘务员不要随意丢弃有问题的餐食，应做好拍照取证、记录事情经过等工作，航后及时向地面有关部门反馈，防止再出现类似情况。

（5）尽量避免旅客取证，如带走餐食或拍照。

6. 旅客衣物被弄脏、受损

（1）应第一时间向旅客道歉（态度要诚恳、亲切，语气轻缓），尽快帮助旅客处置，并做好安抚工作。

（2）对于弄脏的衣物，乘务员应该主动提出帮助旅客清理。在衣物处理的过程中，乘务员可以蹲下帮助旅客擦拭，如需要，在征得旅客同意后，可将其衣物拿到后服务间为其清洗，清洗后，可利用通风口将其风干。如果飞机上无法清洗，那么应留下旅客的联系方式，待清洗干净后，通过邮寄的方式将衣服送还旅客。

（3）对于无法当场协商解决的，应引导旅客与航空公司联系，航后需要及时向有关部门报备。

（4）对于因不可抗拒原因造成衣物受损的情况，乘务员需要核实清楚原因，必要时可请求周围的旅客提供书面证明（尽量避免当事旅客）。

7. 旅客不同时段使用洗手间

（1）正常情况下，洗手间应在飞机起飞后20分钟或至平飞后再开启，遇特殊情况时应灵活处置。

（2）在登机过程中，若有旅客想用洗手间，则尽量告知旅客平飞后使用，若旅客比较着急，则应让旅客尽快使用，并告知其他乘务员洗手间有旅客，以便核实机上的确切人数。服务用语为"先生/女士，您好！为了您的安全，请尽快使用洗手间，我们的飞机很快就要关门滑行起飞了。"

（3）飞机平飞后，在安全带信号灯未灭的情况下旅客提出要用洗手间时，应采用适当语言委婉地拒绝旅客。服务用语为"先生/女士，您好！飞机还处于爬升的关键阶段，为了您的安全，请先回座位就座，稍后平稳了，我去叫您。"

（4）在飞机颠簸期间有旅客在洗手间门外时，不要生硬地将旅客赶回座位，应设法先让旅客在现有条件下保护好自己，例如，若有空座位，则可让旅客先在座位上就座；如果颠簸严重，那么按照安全原则处置，即待飞机稍平稳时，第一时间为该旅客打开洗手间供其使用；如果旅客执意要使用洗手间，那么乘务员应提示旅客抓紧扶手，小心使用，注意自身安全，有什么问题及时按呼唤铃。

8. 服务醉酒旅客

（1）为醉酒旅客服务时，态度要友善，语气要和蔼，要委婉地提醒旅客是醉酒状态，要及时为其提供热水、茶水、毛毯、清洁袋、纸巾、湿巾。

（2）要告知醉酒旅客离他最近的洗手间位置，并尽量让其休息。餐饮服务时，避免为醉酒旅客提供含酒精饮品。乘务员应全程关注醉酒旅客，避免其醉酒后的行为影响周围的旅客，造成不必要的麻烦。同时请同排旅客稍加注意，有什么情况及时告知乘务员。

9. 旅客在客舱中发出过大声响影响其他旅客

（1）当客舱中旅客谈笑声过大影响周围旅客时，乘务员可采用委婉的方式与旅客做简单交流后切入正题，注意态度应友善，避免直接要求旅客降低音量。服务用语为"××先生、女士，您看周围有些旅客/小孩正在休息，我们说话声音轻一些，谢谢您。"

（2）当旅客个人娱乐设备的外放音量过大干扰周围旅客时，乘务员应轻声询问旅客是否有耳机。如果有耳机，那么请旅客使用耳机；如果没有耳机，那么建议旅客调低音量。对于周围被影响到休息的旅客，可视情况主动向其表示抱歉，切忌挑起旅客之间的矛盾。

10. 婴儿/儿童在客舱中哭闹不止

（1）婴儿哭闹时，应主动询问家长是否需要帮助，如加热水、冲奶粉或更换尿片，并应主动告知可更换尿片的洗手间的位置。如果婴儿哭闹不止，那么可在飞机平稳飞行的情况下，邀请家长带婴儿在服务间休息，转移婴儿的注意力。

（2）儿童哭闹时，主动询问家长原因，若为身体不适，则尽可能给予帮助；若为任性，则应使用欢快的语气与儿童沟通，转移其注意力，当航班中配备儿童礼品或读物时，可根据儿童的年龄和性格特点为其提供。

（3）主动提供毛毯或靠枕给儿童旅客或带婴儿的旅客。

11. 滑行时有旅客站立或打开行李架

（1）飞机滑行时，乘务员要注意观察客舱情况，发现有旅客站立或拿取行李时，应挥手示意其坐下并关好行李架。服务用语为"先生/女士，飞机还在滑行，为了您的安全，请您先在原位坐好，并系好安全带，谢谢！"

（2）同时，乘务员应广播提醒旅客飞机还在滑行期间，不要拿取行李，并根据客舱情况适当增加广播次数，尽量避免针对性的广播，不得通过广播责备旅客。

12. 旅客提出客舱有异味（燃油味、烟味）

（1）部分飞机在发动机启动时客舱内会有燃油味，原因是发动机启动时无法完全燃烧煤油，部分尾气又进入了气源系统，发动机全部启动后就无此问题了，就像汽车刚启动时会有尾气短暂出现一样。因此当旅客提出客舱内有燃油味时，应耐心向旅客解释原因，以消除旅客的疑虑和紧张感。

（2）当旅客提出客舱内有烟味时，应感谢旅客的提醒，并立即检查确认烟味是否来自就近的洗手间。若确认烟味来自就近的洗手间，则应及时确认吸烟者并找出烟头位置。若烟头被扔进了废物箱，则应及时倒水将其熄灭，并对吸烟者按规定程序处置。

13. 旅客物品遗失

应积极主动帮助旅客寻找遗失的物品，并记录遗失物品的名称、型号、颜色、大小，以及当事人的姓名、联系方式、收货地址等详细信息。

若物品是在飞机上遗失的，则应广播寻物启事并积极配合当事人寻找遗失物品。

若是在地面遗失的，则应马上报告机长并联系地面工作人员。

二、一般服务特情处置原则

一般服务特情的处置原则如下所述：

（1）乘务员的态度要端正、诚恳，不要与旅客有过多争论，尽量满足旅客的要求，给予旅客更多的尊重，不可推卸责任，应换位思考，站在旅客的角度解决问题；

（2）能够从多渠道获取正确的信息传达给旅客，不可捏造事实，隐瞒甚至欺骗旅客，更不要害怕被投诉而不去服务旅客；

（3）乘务员之间应相互配合，共同寻找解决问题的方法；

（4）处理问题时，应保留必要的书面证明材料，争取事件的主动权，维护好航空公司和自身的合法权利。

三、扰乱行为处置

1. 飞机起飞前抢占座位或行李架

（1）若飞机起飞前发生旅客抢占座位或行李架的情况，乘务员则应安抚被抢占座位或行李架的旅客并简单了解事情的起因。

尽可能为旅客调整座位，协助旅客妥善放置好随身物品，调解旅客间的矛盾，注意语言技巧，减少对周围旅客的影响。

对于不听劝阻的旅客，因争执行为过激引发打架斗殴，并且经过安全员和乘务长调解后矛盾仍无法平息时，应及时报告机长，由机长决定是否需要地面公安人员协助，旅客是否可以继续乘机。

（2）若导致航班延误，乘务员则要向其他旅客做好解释工作。若机长同意旅客继续旅行，乘务员和安全员则要在空中加强监控，以避免矛盾再次激化。乘务员应灵活服务这些旅客，通过暖心的服务化解旅客内心的矛盾。

2. 称有劫机/爆炸物等过激言论

当客舱内有旅客称要劫机或有爆炸物时，乘务员首先要辨明真假。若确有此类动机或情况难以辨明，则按照劫炸机的应急预案进行处置。若只是旅客因对航班延误、服务不满等原因发泄内心不满情绪而使用的过激言论，则按照如下程序处置。

起飞前：

（1）乘务员和安全员要全程关注该旅客，并确认该旅客是否有同伴。

（2）立即报告机场地面公安，请公安人员登机处理。

（3）给周围旅客解释清楚原因，安抚旅客情绪，避免引起恐慌，防止事态扩大。

（4）可让周围旅客帮忙提供书面证明，配合公安机关调查取证。

起飞后：

（1）若该旅客有其他过激行为，则安全员应对其进行管控，等飞机降落后移交机场公安机关处理。

（2）若该旅客无其他过激行为，则可在飞行途中安排专人监管，待飞机到达目的地后移交机场公安机关处置。

3. 违规使用电子设备

发现旅客违规使用电子产品时，乘务员要及时制止，说明安全规定及违规使用电子产品的危害性。

如果旅客只是想了解时间，乘务员应及时告知当前时间和到达时间等信息。

旅客配合关闭违规电子产品后，应向旅客表示感谢。服务用语为"先生/女士，感谢您的配合，如果您有任何其他需要，可随时呼叫我们。"

4. 旅客物品失窃

（1）如果旅客物品被盗，没有怀疑对象，那么乘务员要主动询问失主情况，积极协助寻找，询问其是否需要报案，并第一时间将事件报告机长。

（2）如果有怀疑对象，那么乘务员可以同周围的旅客及怀疑对象交谈，应言辞得当、语气平稳，同时应细心观察其他旅客的表现，锁定怀疑对象。

（3）人赃并获时应立即报告机长，乘务员和安全员要密切关注偷盗者，并观察其是否有同伙，做好证据的收集和保护，同时乘务员应安抚机上其他旅客的情绪，避免引起恐慌，防止事态扩大。

（4）乘务员应与机长和公安部门协商，决定是否可以让其他旅客下机，并让案件的几名当事人在安全员的监控下离开飞机等候公安人员的处理，以免带来安全隐患。

四、扰乱行为处置原则

扰乱行为的处置原则如下所述：

（1）乘务员应沉着冷静地处置旅客在飞机上的扰乱行为，并及时确定事件性质；

（2）安抚旅客情绪时应以教育为主，不要有责备旅客的行为；

（3）必要时向有扰乱行为的旅客解释相关的法律法规和民航治安管理规定，并在机上对其进行相应的管控；

（4）乘务员需做好事件的详细记录和证据收集，以便后续调查；

（5）乘务员需做好自身保护，合法维护航空公司和自身的利益。

课后习题

简答题

（1）航班上没有配备旅客想要的餐食和饮品时，乘务员该如何处理？

（2）在执行航班任务时，旅客提出要跟乘务员合照，乘务员该如何处理？

（3）飞机上有醉酒旅客因大声说话影响到其他旅客时，乘务员该如何协调？

（4）旅客在飞机上丢失了物品，乘务员该怎么做？

任务四　机上急救

知识目标

使学生掌握机上急救的基础理论知识和技能。

技能目标

能够根据旅客的病症，清醒、果断地分辨急救事件的种类，采用正确的机上急救处置程序，对病患旅客进行及时救治。

素质目标

提升职业使命感和责任感，具备人道主义精神，尊重生命、敬畏生命。

一、机上急救基础知识

1. 机上急救的目的

当飞机在飞行过程中旅客突发意外时，如飞机正常运行时旅客突发疾病或死亡、因飞机改航备降等不正常运行导致旅客伤病或死亡及突发公共卫生事件，为抢救旅客生命必须进行急救，以减少旅客伤亡。机上急救的处置原则如下所述。

（1）乘务员发现旅客突发疾病或受伤时，应在最短的时间内确定具体情况，并以合适的方式进行急救。

（2）通报机长，广播寻找机上具备医疗资质的旅客提供帮助，乘务员还应核实其医疗的资质和身份信息。

（3）对旅客的伤病判断处置前，乘务员应向旅客本人或同行人员了解其病史，以判断病情和伤情。如果旅客意识不清晰，或者无同行人员，那么要在第三者的见证下，寻找旅客随身的病例或药品，以利于急救及处理。

（4）若为旅客提供"非处方类药物"，则应由旅客或同行人员签署同意；若为旅客提供"处方类药物"，则应由专业医疗急救人员诊疗和指导，或者由机上有执业医师资格和执业助理医师资格的医疗人员使用。

（5）医疗协助时，乘务员应注意保护自己和旅客，避免皮肤和口腔直接接触病患旅客的血液和伤口，建议采用乳胶手套、塑料袋、清洁纱布或餐巾等，以减少被感染的风险。

（6）若遇旅客无生命体征、疑似死亡，乘务员则应维护客舱秩序，控制事态影响范围，第一时间报告机长并通知机场急救单位。

（7）判定旅客是否死亡是医疗部门的职责，航空公司无权代行其职责，乘务员应利用机上可用资源，采用心肺复苏等方式救助旅客。

2. 急救时的综合检查——四大生命体征

医学上将呼吸、体温、脉搏、血压称为四大生命体征，它们是维持机体正常活动的支柱，缺一不可，无论哪项异常都会导致严重或致命的疾病，而且某些疾病也会导致这四大生命体征的变化。

1）呼吸

呼吸是呼吸道和肺的活动，是重要的生命活动之一，也是人体内外环境之间进行气体交换的必要过程。人体通过呼吸，吸进氧气，呼出二氧化碳，一刻也不能停止。

呼吸正常时，节律均匀、深浅适宜，成人 16～20 次/分，儿童 30～40 次/分，儿童的呼吸次数随年龄的增长而减少，呼吸次数与脉搏次数的比例为 1∶4。呼吸不正常时，呼吸深度改变，呼吸节律改变。

检测方法：一听——有无呼气声；二看——胸腹部是否有起伏；三感觉——脸部贴

近伤者口鼻，感受有无呼吸声。

2）体温

人的正常体温是恒定的，但因一些因素它会发生变化，但变化有一定的规律。

人的正常体温值为36～37℃；37.3～38℃为低热，38.1～39℃为中等热度，39.1～41℃为高热，41℃以上为超高热；体温低于正常体温值会出现休克、大出血等。

测量方法：

口测法：先用75%酒精消毒体温计，再放在舌下，放置5分钟后读数，正常值为36.3～37.2℃。此法禁用于神志不清的病人和婴幼儿，不能用牙咬体温计，只能将上下唇闭紧，不能讲话，防止体温计被咬断。

腋测法：此法不易发生交叉感染，是测量体温最常用的方法。擦干腋窝汗液，将体温计的水银端放于腋窝顶部，用上臂把体温计夹紧，测量时身体不能乱动，放置10分钟后读数，正常值为36～37℃。

肛测法：多用于昏迷病人或小儿。将肛表头部用油类润滑后，慢慢插入肛门，深达肛表的1/2为止，放置5分钟后读数，正常值为36.5～37.7℃。

3）脉搏

心脏舒缩时，动脉管壁有节奏地、周期性地起伏叫脉搏。检查脉搏通常用手腕段两侧的桡动脉，如图6-9所示是桡动脉图示。

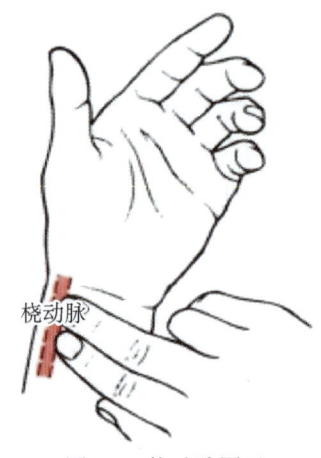

图6-9 桡动脉图示

正常情况下，脉搏次数与心跳次数一致，节律均匀，间隔相等。婴幼儿的正常脉搏次数为130～150次/分，新生儿可快至120～140次/分；儿童的正常脉搏次数为110～120次/分；成人的正常脉搏次数为60～100次/分，老年人可慢至55～75次/分。

测量方法：

直接测法：检查者将右手食指、中指并齐按在病人手腕段的桡动脉处，压力大小以能感到清楚的动脉搏动为宜，数半分钟的脉搏次数，再乘以2得1分钟的脉搏次数。

间接测法：用血压脉搏监护仪等测量，具体使用方法看仪器说明书。

4）血压

血压指肱动脉压，是衡量心血管功能的重要指标之一。正常成人的收缩压为12～

18.7kPa（90～140mmHg），舒张压为 8～12kPa（60～90mmHg）。正常新生儿的收缩压为 6.7～8.0kPa（50～60mmHg），舒张压为 4～5.3kPa（30～40mmHg）。

测量方法：使用应急医疗箱中的血压计进行测量。

二、机上常见病处置

1. 异物哽塞

1）主要表现症状

（1）吸入异物后突然发生剧烈呛咳、憋气、呼吸困难、气喘声嘶、面色紫绀，咳嗽剧烈可引起流泪、呕吐。

（2）病人极度不适时常以一手呈"V"字状紧贴颈部，无法言语。

（3）严重哽塞时可迅速造成病人的昏迷、窒息、呼吸骤停。

2）处置措施

（1）成人/儿童窒息—有意识：采用海姆立克腹部冲击法。

如图 6-10 所示是海姆立克冲击法图示，具体操作步骤如下所述：

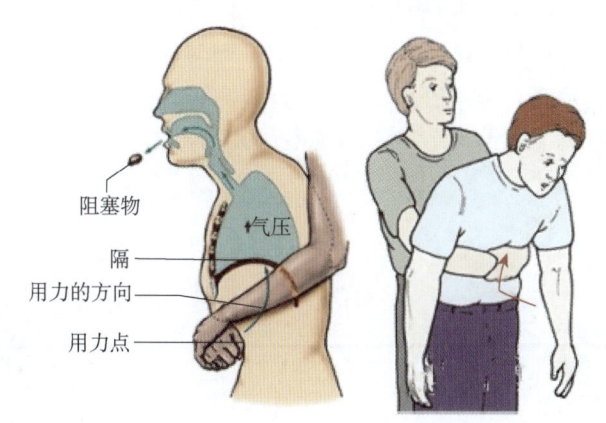

图 6-10 海姆立克腹部冲击法图示

①施救者站在病人后面，双臂环绕抱住病人腰部；

②嘱咐病人弯腰，头部前倾；

③施救者一只手捏成空心拳，将大拇指侧面顶住病人腹部正中线、肚脐上方两横指、剑突下方处；

④另一只手紧握此拳，快速向内向上冲击 5 次，每次的冲击动作要明显分开；

⑤还可以选择将上腹部压在坚硬物上，如桌边、椅背和栏杆处，连续向内向上冲击 5 次；

⑥重复上述步骤若干次，直到异物排出。

（2）成人/儿童窒息—无意识：采用仰卧位腹部冲击法。

如图 6-11 所示是仰卧位腹部冲击法图示，具体操作步骤如下所述：

①让病人平躺，脸朝向一侧；

②施救者手掌根放在病人上腹部，另一只手放在第一只手上，两手的手指均指向其头部。

③快速向上向前推压上腹部 5 次；

④重复上述步骤若干次,直到异物排出。

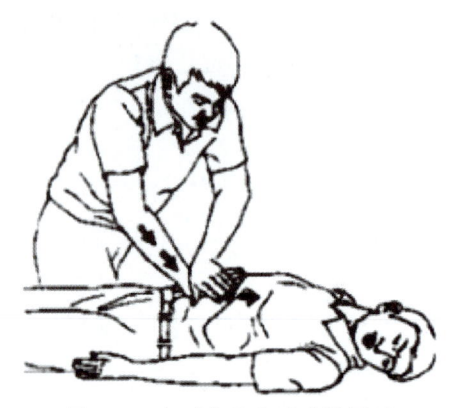

图 6-11　仰卧位腹部冲击法图示

若异物未排出,则清除呼吸道异物,操作步骤如下所述:
①施救者跪在病人头部旁边,病人脸部朝上,用一只手打开病人嘴巴,如图 6-12 所示;
②对于成人,将另一只手的手指伸入其嘴巴,如图 6-13 所示,沿一侧的腮部至喉咙和舌根滑至另一侧,清理可能存在的、能够看得着的异物。
③对于儿童,往嘴里看有无异物,若能看到异物,则小心拿掉。

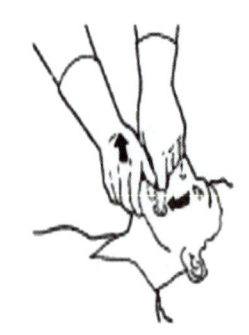

图 6-12　打开嘴巴　　　　　　图 6-13　检查有无异物

无论异物是否被取出,若患者无呼吸则立即实施人工呼吸,具体操作如下所述:
①采用仰头抬颌法打开呼吸道,如图 6-14 所示;

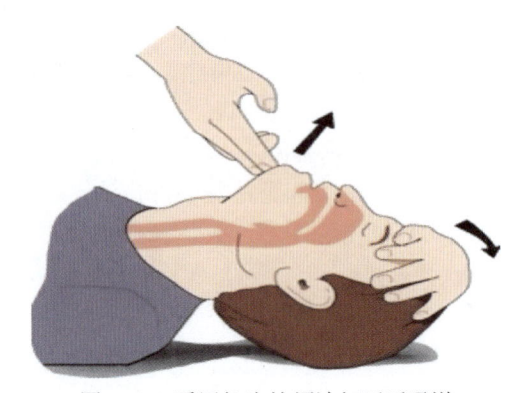

图 6-14　采用仰头抬颌法打开呼吸道

②连续进行两次人工呼吸，观察胸部是否起伏，胸部仍然不起伏，则重复步骤直到通气，呼吸通畅，则将病人放在侧卧体位（只要没有头部、颈部或背部受伤）。

（3）婴儿窒息——有意识：采用拍背压胸法。

如图6-15所示是拍背压胸法图示，具体操作如下所述：

①一只手放在婴儿的背后，用手指把住头和颈部，另一只手抓住婴儿的下巴；
②将婴儿翻转，脸朝下放在前臂上；
③托稳婴儿的头和颈部，手臂放低，使婴儿的头部低于躯干；
④用另一只手的手掌在婴儿的肩胛骨之间拍击5次。

图6-15 拍背压胸法图示

若异物未排出，则可转换婴儿的体位，采用胸部推击法（见图6-16），具体操作如下所述：

①用于拍击的那只手放在婴儿的头和背部，并将婴儿夹在两前臂之间；
②用手指托住婴儿的头和后颈部，将婴儿翻转，脸朝上方呈仰卧位；
③前臂放在大腿上，让婴儿的头低于其胸部；
④找到婴儿两乳头连线水平的中点下一指宽处；
⑤用两个手指连续按压胸骨4～6次；
⑥重复上述步骤若干次，直到异物排出。

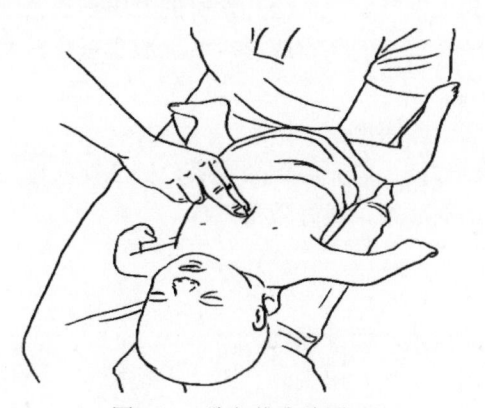

图6-16 胸部推击法图示

（4）婴儿窒息——无意识：采用人工呼吸。

对婴儿实施人工呼吸的操作步骤如下所述：

①让婴儿平躺，打开其嘴巴，检查口腔里有无异物，若看到异物则小心拿掉，如图 6-17 所示；

图 6-17　检查口腔里有无异物

②采用压头抬颌法打开婴儿的呼吸道，连续进行两次人工呼吸，间隔 3 秒，查看胸部有无起伏；

③重复上述步骤若干次，直到异物排出。

2．心脏病突发

1）主要表现症状

（1）胸骨后或心前区出现剧痛并常放射到左肩和左上肢内侧。

（2）疼痛是一种带有压迫或紧缩感觉的持续性闷痛，疼痛多持续在 30 分钟以上，常有窒息感。

（3）病人精神异常、面色苍白、焦虑不安、烦躁易怒。

（4）有出汗、恶心、呕吐的症状。

（5）脉搏弱且快，血压下降，呼吸极为短促。

（6）有濒临死亡之感。

2）处置措施

（1）广播请机上医务人员参加急救。

（2）询问病史，让病人保持安静，松开紧身的衣服，让其卧位休息，禁止搬动。

（3）帮助病人服用随身携带的药物或提供机上应急医疗箱内的硝酸甘油片。

（4）为患者提供氧气。

（5）注意保暖，设法消除寒冷。

（6）观察病人的生命体征，若无心跳与呼吸，则立即实施心肺复苏。

（7）报告机长并与地面联系，做好救治工作。

3．中暑

1）主要表现症状

（1）体温升高、皮肤灼热、面部潮红。

（2）四肢无力、口渴、头痛、出大汗、眼睛出现模糊、动作不协调。

（3）呼吸、脉搏紊乱，严重时会出现抽搐，甚至昏迷、丧失意识。

2）处置措施

（1）迅速离开高温、高湿环境，转至通风阴凉处。

（2）用凉水喷洒或用湿毛巾擦拭全身，并在腹股沟、腋下、颈部进行冷敷。

（3）持续检测体温，如有必要提供氧气。

（4）广播请机上医务人员参加急救。

（5）观察生命体征，情况严重时应立即报告机长。

4．晕厥

1）主要表现症状

（1）头晕、恶心、两眼发黑，全身虚弱乏力，面色苍白，四肢发凉，出冷汗。

（2）脉搏细弱，或快或慢，失去知觉。

2）处置措施

（1）将病人调至仰卧位平卧，并系好安全带。

（2）松开紧身衣物，对额头进行冷敷。

（3）检查病人的呼吸是否正常，用手掐病人的人中穴等促使其苏醒。

（4）为病人提供氧气，并观察其生命体征，广播寻求机上医务人员的帮助。

（5）当病人恢复意识时，尽量给其提供温糖水或热饮料。

5．哮喘

1）主要表现症状

（1）呼吸困难，尤其是呼出气费劲，可以听到明显的哮鸣音。

（2）常有打喷嚏、咳嗽、胸闷等先兆。

（3）干咳或咳出黏稠的痰。

（4）严重时出现缺氧的症状（口唇、皮肤黏膜青紫）。

2）处置措施

（1）询问病史，安慰病人使其保持镇静。

（2）如果病人带有药物，协助病人服下药物以助缓解。

（3）若有缺氧表现，则给病人吸氧并广播寻求医务人员的帮助。

（4）报告机长并与地面联系，做好救治准备工作。

6．压耳

1）主要表现症状

（1）耳部疼痛，伴有耳部的闷堵感。

（2）耳鸣，听力下降。

（3）头晕，有时眩晕。

2）处置措施

（1）在飞机起飞或下降时，做吞咽动作、打哈欠或咀嚼（可嚼口香糖）。

（2）可使用耳塞，舒缓飞机在起飞或下降时产生的压力。

（3）对已有严重症状且使用上述方法效果不好时，建议下机后去医院耳鼻喉科检查。

7．烧烫伤

1）主要表现症状

（1）一度烧烫伤：皮肤红肿。

（2）二度烧烫伤：起水泡，皮肤红肿、皮肤有溢出液，疼痛。

（3）三度烧烫伤：皮肤变白，表皮脱落，组织或骨骼可能暴露，人可能休克。

2）处置措施

（1）一度烧烫伤。

①无破损时，在烧烫伤部位用冷水冲洗或浸泡 10~20 分钟。

②物理降温后可涂抹烫伤药膏。

③如果需要就使用无菌纱布覆盖、包扎。

④不得直接冰敷患处。

（2）二度烧烫伤。

①未破的水泡：用冷水冲洗，直至疼痛消失，涂上烫伤药膏，用无菌纱布轻轻包扎。

②已破的水泡：用干净的冷水冲洗 30 分钟以上，然后用干燥的消毒绷带包扎，抬高烫伤处以减缓肿胀和疼痛。

（3）三度烧烫伤。

①不要试图脱下或移动烫伤处的衣物。

②不冲洗，不涂药。

③用干燥的消毒绷带轻轻包扎。

④抬高烫伤处以减缓肿胀和疼痛。

⑤为休克病人提供急救。

⑥情况严重或无法缓解时应立即报告机长。

8．心肺复苏

心肺复苏简称 CPR，C 指心脏（Cardio），P 指呼吸（Pulmonary），R 指复苏（Resuscitation）。心肺复苏常与人工呼吸合并使用，适用于心跳、呼吸骤停的病人，是基本的急救方法。

1）主要表现症状

病人无意识或无呼吸。

2）处置措施

（1）判断意识：先在病人两耳边大声呼唤，再轻拍病人双肩，如图 6-18 所示。

图 6-18　判断意识

（2）判断呼吸：一听、二看、三感觉，如图 6-19 所示。

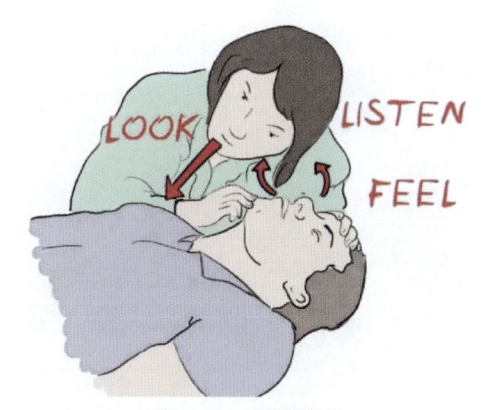

图 6-19　判断呼吸

（3）呼叫：若病人无意识，则解除其衣服束缚并大声呼叫（求助机组或机上医护人员的帮助），如图 6-20 所示。

图 6-20　大声呼叫

（4）摆放体位：将病人放置仰卧位，使其头、颈、躯干平直无扭曲地躺在平坦的地面或硬板上，如图 6-21 所示。

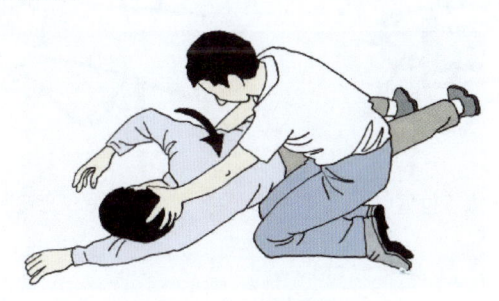

图 6-21　摆放体位

（5）实施胸外按压。
①成人、儿童的胸外按压。
按压姿势：采用跪姿，双膝平行于病人肩部，双臂绷直，与胸部垂直，肘关节不可

弯曲，以髋关节为支点，腰部挺直，用上半身重量往下压，如图 6-22 所示。

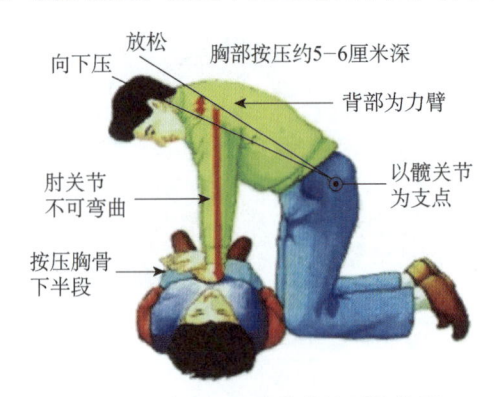

图 6-22　成人、儿童胸外按压姿势图

按压方式：双肩在双手正上方，双手掌根重叠，十指相扣，掌心翘起，手指离开病人胸部，借用上半身的重量垂直向下按压，如图 6-23、图 6-24、图 6-25 和图 6-26 所示。

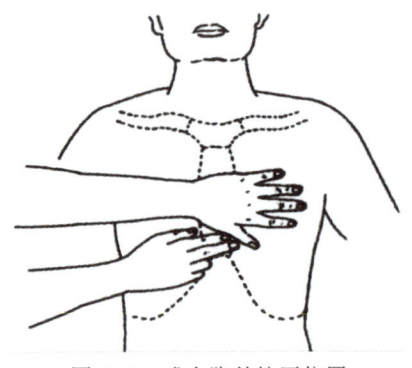

图 6-23　成人胸外按压位置　　　　图 6-24　成人胸外按压手法

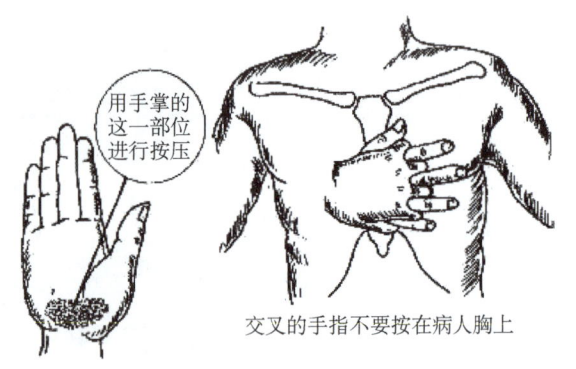

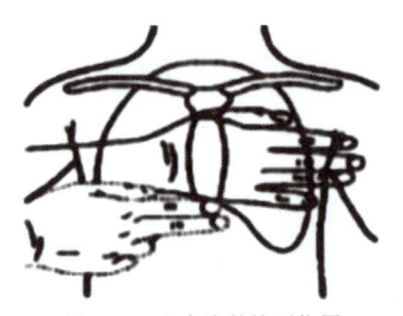

图 6-25　儿童胸外按压位置　　　　图 6-26　儿童胸外按压手法

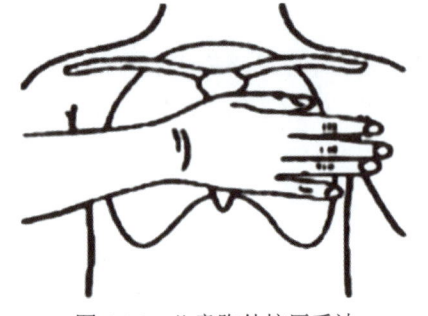

深度：成人 5～6cm、儿童 4～5cm。

频率：100～120 次/分钟的速率连续按压 30 次。

②婴儿的胸外按压

按压方式：将一只手的食指置于婴儿两乳头连线与胸骨的交界处，中指、无名指与十指并拢置于胸骨上，将食指抬起，中指、无名指同时用力垂直向下按压，如图 6-27 和图 6-28 所示。

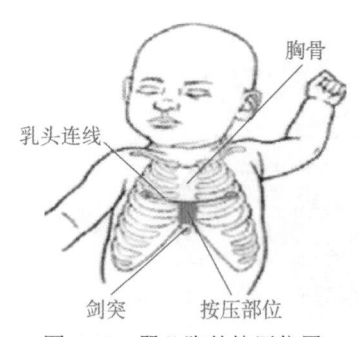

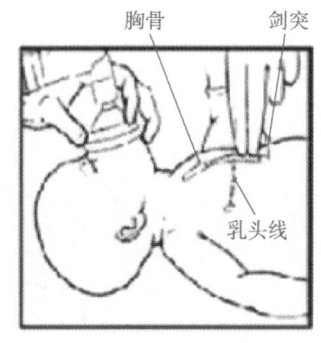

图 6-27　婴儿胸外按压位置　　　　　图 6-28　婴儿胸外按压手指法

深度：3～4cm。

频率：100～120 次/分钟的速率连续按压 30 次。

（6）开放气道。

解开病人的衣领、领带、腰带等，并清理其呼吸道。

（7）判断呼吸。

打开病人的呼吸道，随即将耳朵贴近其嘴鼻，通过看（胸部呼吸起伏）、听（出气声）、感觉（气体吹拂感）等方式在 10 秒内判断病人有无呼吸，如图 6-29 和图 6-30 所示。

图 6-29　打开呼吸道　　　　　图 6-30　判断呼吸情况

（8）实施人工呼吸。

用放在病人前额的手的拇指和食指捏紧病人的鼻翼。

吸一口气，用双唇包严病人的口唇四周，缓慢持续地吹入气体（见图 6-31），吹气时间大于 1 秒，同时观察病人的胸廓是否隆起。

吹气完毕，松开捏病人鼻翼的手，侧头吸入新鲜空气并观察病人胸廓是否下降，听、感觉病人的呼吸情况，准备再次吹气。

吹气和按压需反复进行，每 5 组循环或 2 分钟后应轮换按压者，直至抢救人员到来。

（9）注意事项。

①确认病人无意识、无呼吸或呼吸不正常后，应立即实施胸外按压。

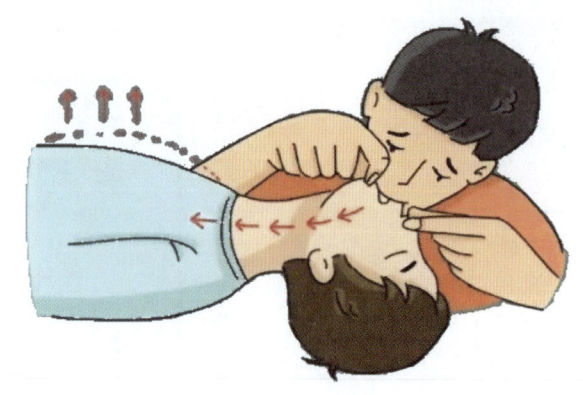

图 6-31　向口中吹气

②按压时用力要均匀，不可过猛，按压和放松的时间相等。
③每次按压后必须完全解除压力，使胸廓回到正常位置。
④按压要有节律性，频率不可忽快、忽慢，应保持正确的按压位置。
⑤按压时需观察病人的反应及面色的改变。

3）"1+X"空中乘务员技能考核操作流程及指导语言
①确认环境安全（观看四周），我已做好自身防护。
②先生先生，醒醒？先生先生，你怎么了？
③快来人呐，这里有人晕倒了
④我是乘务员，请这位女士帮我呼叫其他乘务员，并给我一个回复，现场学过救护的，请帮助我一起。
⑤将旅客放置仰卧复苏体位，1001～1010，旅客无意识，无呼吸，开始胸外按压。
⑥01，02，…，30。
⑦清除口腔异物，人工呼吸 2 次（不用说），我已完成 5 组循环，检查旅客生命体征。
⑧1001～1010（不用说），旅客恢复脉搏，恢复自主呼吸，散大的瞳孔缩小，对光有反应，面色、口唇、甲床由苍白变为红润，有呼吸，有意识，救助成功，将旅客放置侧卧复原体位。

9. 外伤急救

外伤急救的四项基本技术是止血、包扎、固定、搬运。

1）失血的危险

正常成人的全身血量约占体重的 8%，约为 5 升。如果短期内出血量超过全身血量的 30% 且未进行急救，那么可能威胁生命，甚至引起死亡。

2）出血种类

（1）动脉出血：血色鲜红，出血如喷泉一样随着动脉搏动从伤口喷出；此类出血，因出血急、出血量大，危险性极大。

（2）静脉出血：血色暗红，出血像流水一样从伤口流出；出血量受血管损伤口径影响，对较大量的出血，若不止血，则有较大危险。

（3）毛细血管出血：血色鲜红，出血像水珠一样从伤口慢慢渗出；时间稍久，可凝血自止，危险性不大。

3）止血方法

（1）加压包扎止血法。

如图 6-32 所示是加压包扎止血法图示，适用于毛细血管、静脉及小动脉出血的止血。

操作步骤：

①清除伤口周围污染物，如衣物碎片；

②用消毒纱布或干净毛巾盖住伤口；

③用绷带及三角巾均匀用力加压包扎；

④包扎不可只在最后打结时用力，致使创面受力不均匀而影响止血效果；

⑤包扎范围要足够大，包扎后应将伤肢抬高。

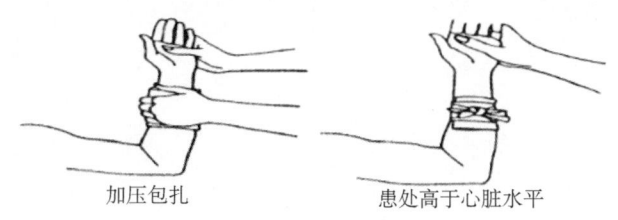

图 6-32 加压包扎止血法图示

（2）指压止血法。

指压止血法适用于较严重的动脉出血。

操作步骤：立即用手指把伤口近心端的动脉压在骨面上，达到迅速止血的目的，随后换上止血带。

（3）止血带止血法。

如图 6-33 所示是橡皮止血带止血法图示。

操作步骤：用毛巾或衣服垫好伤口，左手拿止血带，一端留下五寸左右，右手拉紧止血带的长头绕肢体一圈，余下部分交于左手，用中指和食指夹持，然后顺势向下拉出一个环套，最后将短头插入环套并收紧。

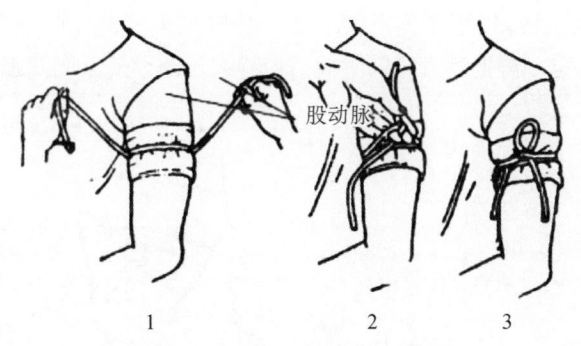

图 6-33 橡皮止血带止血法图示

4）包扎

包扎的目的是保护伤口，减小感染的可能，压迫止血，固定敷料夹板及药品等。要求严密牢固、松紧适宜。常用的包扎方法包括绷带包扎法、三角巾包扎法等。

(1) 绷带包扎法。

①环形包扎法：用绷带在肢体上环形缠绕，多用于颈部、额部、腕部及胸腹部（见图 6-34）。

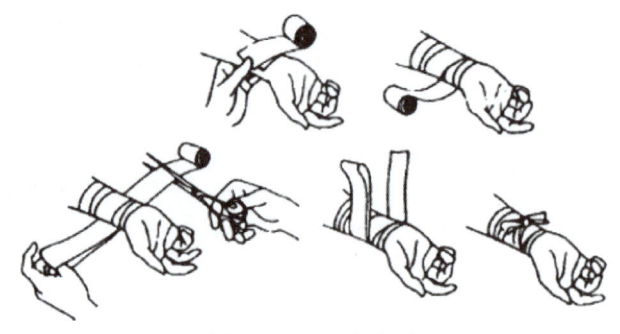

图 6-34　环形包扎法

②螺旋形包扎法：先环形缠绕几圈固定始端，再螺旋形缠绕，每圈约覆盖前圈的 2/3，适用于小腿、前臂等处的包扎，包扎时应从伤口远端开始（见图 6-35）。

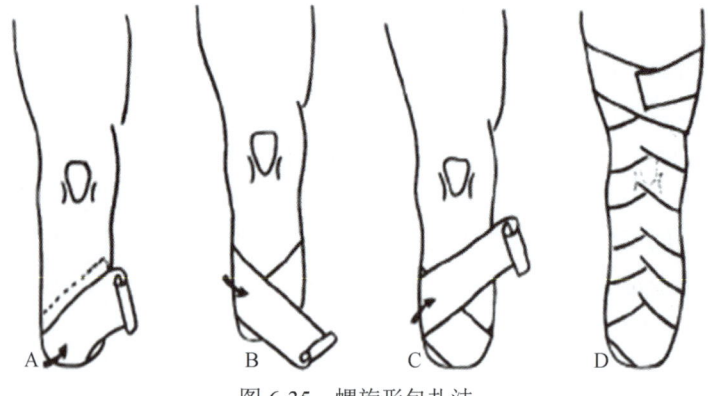

图 6-35　螺旋形包扎法

③"8"字形包扎法：适用于四肢关节、锁骨等部位，包扎肘关节时，先将绷带在肘关节一端环形缠绕固定，再把绷带拉向肘关节中心缠一圈，最后向两端呈"8"字形离心缠绕（见图 6-36）。

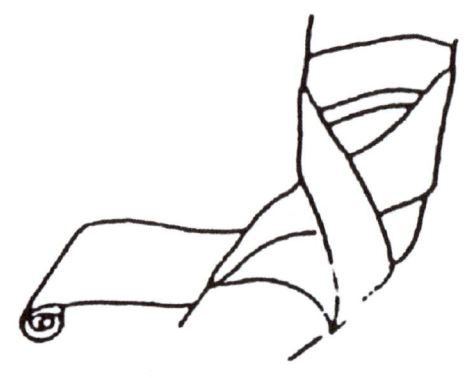

图 6-36　"8"字形包扎法

④蛇形包扎法：常用于固定夹板，先将绷带环形缠绕数圈，再根据绷带的宽度做间隔缠绕（见图6-37）。

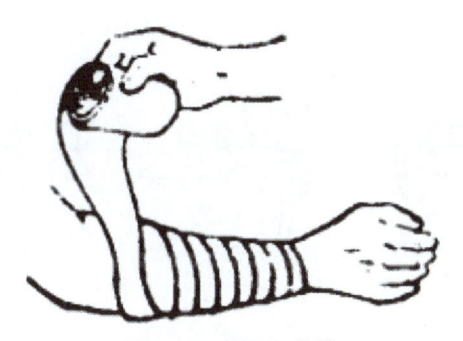

图6-37　蛇形包扎法

（2）三角巾包扎法。

①头部包扎：将三角巾的长边折叠成两层，约两指宽，从前额包起，把顶角及左右两角拉到后脑部，先打半结，再将顶角塞到结里，最后把左右两角拉到前额打结（见图6-38）。

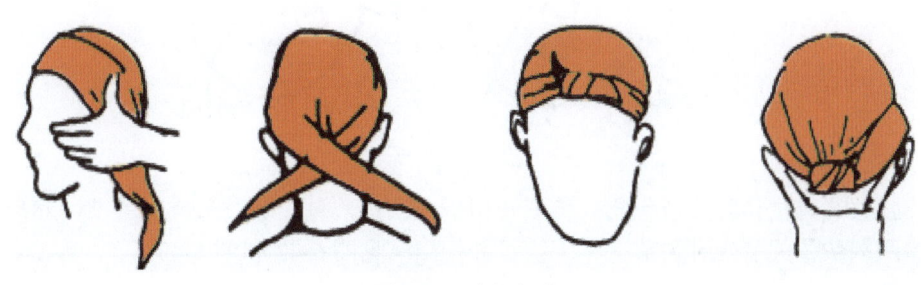

图6-38　头部包扎

②面部包扎：折叠一块三角巾或一块适当的毛巾，把预计遮盖眼、鼻、嘴的地方剪成小洞，然后包扎头面，把左右两角拉到颈后，最后绕到前面打结（见图6-39）。

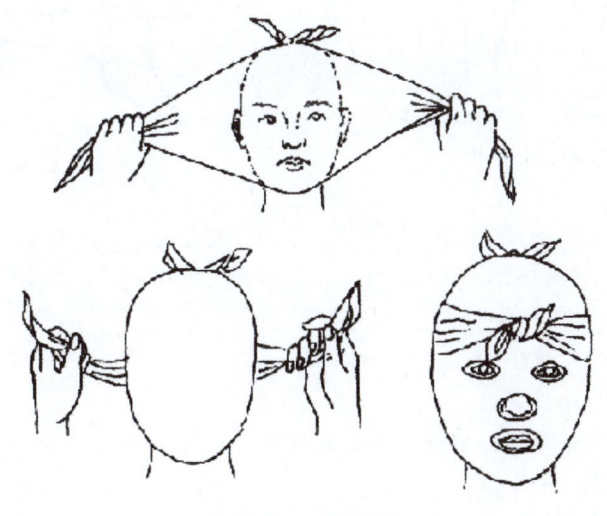

图6-39　面部包扎

③耳部包扎：将三角巾折成条状，先从头部至下巴绕一圈，在未伤的耳部扭一下，从额部再绕一圈，在伤耳的上方打结（见图6-40）。

④眼部包扎：将三角巾折成条状，包住伤眼，将好眼露出，在头后部打结（见图6-41）。

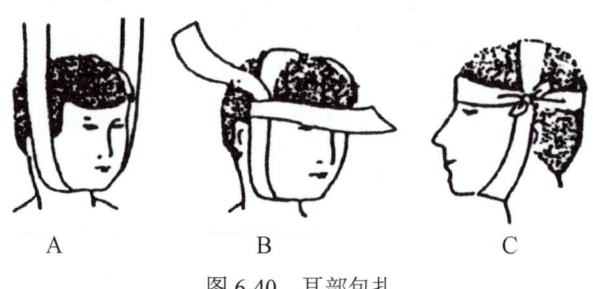

A　　　　B　　　　C

图6-40　耳部包扎

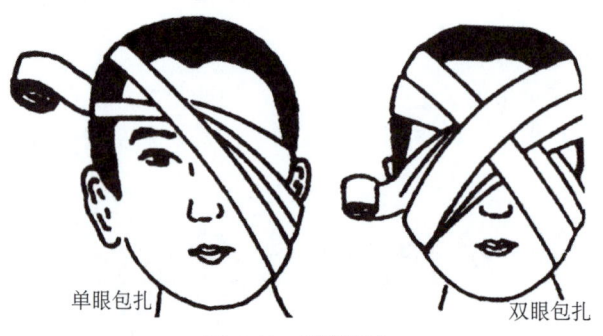

单眼包扎　　　　双眼包扎

图6-41　眼部包扎

⑤膝关节包扎和肘关节包扎：将三角巾折成四折，包住膝关节或肘关节，然后交叉三角巾两端从膝关节或肘关节上、下绕过并打结（见图6-42和图6-43）。

图6-42　膝关节包扎　　　　图6-43　肘关节包扎

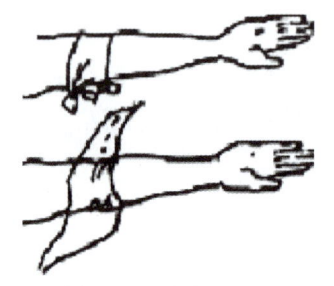

课后习题

简答题

（1）四大生命体征。
（2）异物哽塞的处置程序。
（3）心肺复苏的处置要点。
（4）机上旅客突发癫痫，乘务员的处置流程。
（5）止血的方法。
（6）包扎的方法。

项目小结

乘务员在执行日常航班任务时，会遇到各种预期的或突发的特殊服务情况，如航班中一些需要特别礼遇、关照的旅客，有特殊饮食需求的旅客、有丢失物品的旅客、有突然患病的旅客等。乘务员在遇到突发状况时，需要能够运用更多更全面的知识和服务方法来正确应对。

通过对本项目的学习，学生可以更全面地了解客舱乘务员的服务技巧和服务的多样性，可以更深刻地意识到旅客的潜在需求，能够沉着冷静、专业高效地处理旅客的各种问题，为旅客营造安全、贴心、温暖的客舱服务氛围。

项目七　其他机上项目应用

任务一　机上旅客沟通

知识目标
掌握机上旅客沟通的心理需求和服务沟通技巧，规范使用机上服务基本用语。

技能目标
（1）能运用标准的机上服务用语与旅客进行交流；
（2）能准确使用沟通技巧。

素质目标
学生能够正确运用沟通技巧与旅客交流，为旅客营造良好的乘机体验。

案例导入

餐饮服务投诉事件

一天，乘务员小李在正常进行餐食服务时，经济舱 15A 的王女士接过小李递出的餐食打开后小声说道："你们公司飞机餐食的品相也太差了吧。"接着，王女士品尝了一口餐食后，直接喊来当时发放餐食的乘务员小李，并对其大声说道："你们公司提供的餐食也太差了吧，还不如别的航空公司。"

请思考：如果你是乘务员，你会如何与这位王女士进行沟通？

一、机上沟通的基本原则

由于机上沟通直接影响旅客的飞行体验，因此为提升旅客的飞行体验，各大航空公司都在不断规范与提升客舱乘务员的机上沟通服务用语，以提升航空公司的服务形象与服务品牌（见图7-1）。如下是机上沟通的基本原则。

1）真诚友善原则

对于乘务员而言，以真诚友善的原则和实事求是的态度来与旅客进行沟通，才能有效取得旅客的信任，从而真正拉近两者之间的服务距离。

2）积极应对原则

在与旅客进行交流时，乘务员需以亲和、积极的沟通交流态度，为旅客提供及时恰当的服务。同时，在沟通中坚持积极应对原则，可使旅客更为直观地感知我们的服务品质（见图7-1）。

3）知己知彼原则

知己知彼，方能百战不殆。在机上沟通的过程中，乘务员首先需学会预判旅客的基本情况；其次能够正确接收旅客的沟通需求；最后能够快速了解旅客需要进行沟通的原因，从而达到精准沟通。

图 7-1　机上沟通

二、旅客的心理需求

在机上沟通中，我们只有了解旅客的心理需求与潜在需求，才能为旅客提供准确的服务。同时，良好的沟通语言可以提升旅客的乘机体验，更可以避免一些不必要的冲突和麻烦。在飞行过程中，旅客的心理需求一般包括安全感、愉悦感和舒适感。

1）安全感

旅客在乘机的过程中，最基本的需求就是安全需求。旅客的安全需求不仅体现在对人身安全的需求，还体现在对携带的随身物品或托运物品的安全需求。作为一名乘务员，在飞行延误、客舱安全检查、飞行颠簸与机上物品查控等常见事件的处置与沟通中，若能够从旅客的安全角度出发来告知、安抚和引导旅客，往往更容易被旅客接受，从而大大提升机上沟通的效果。

2）愉悦感

旅客在希望顺利抵达目的地的同时也希望有一个愉悦的乘机体验。因此，在短暂的航程中，乘务员如果能够提供温馨积极的问候语，将大大提升旅客乘机时的愉悦感。一句轻声问候"上午好！"，一句温暖关心"有什么可以帮您？"，一句亲切提醒"小心烫！"，一句由衷赞美"谢谢您"，看似简单的一句话，不仅可以传递乘务员服务的温度，还可以使旅客产生被关怀的愉悦感。

3）舒适感

航空公司为有效吸引客源，会不断提升机上服务环境，由于舒适感也是旅客选择航空公司的考虑因素之一，因此根据航行时间，航空公司也需合理制定一系列服务沟通细则来提升旅客乘机时的舒适感。

三、机上有效沟通的技巧

乘务员与旅客进行沟通时应注意以下几个方面。

1）有效沟通需要尊重

以客为尊一直以来都是服务行业的核心思想准则。由于飞机便捷、高效，但票价在一般情况下相对高于其他交通工具，因此，对于选乘飞机出行的旅客而言，对乘务员服务的期待也是高于其他交通工具的。旅客希望乘务员能给他们不同于他人的重视与服务，若服务没达到旅客的心理预期，则会直接影响其对航空公司的印象，这就是典型的尊重心理需求。

2）有效沟通需要倾听

会说话的人更善于倾听，作为一名客舱乘务员懂得倾听旅客的需求是做好服务的关键。当旅客在表达诉求时，如果能够做到正确倾听，那么是可以在旅客表达的诉求中找到旅客真正需求的。因此，学会倾听是解决沟通问题最快最直接的手段之一。

3）有效沟通需要提问

饮品服务是客舱服务的必备环节，乘务员在发放饮品询问旅客需求时，通常使用封闭式的问答法，此种方法不仅可以引导旅客让旅客在乘务员准备的饮品范围内做选择，也可以提高乘务员的工作效率。在机上的其他活动中，乘务员可以使用开放式的问答法，以不限制答案的提问方式，更有利于活动的开展与气氛的调动。

4）有效沟通需要回应

在旅客倾诉的过程中，乘务员通过注视、微笑、点头或言语附和等方式适当给予回应，可以使旅客感受到自己的想法是被重视的，进而更容易达成一致，有利于问题的解决。

四、机上服务的基本用语

随着航线网络的扩张延伸，国际航线的旅客不断增多，为了更好地给旅客提供服务，乘务员在掌握中文沟通技巧的同时，能够运用地道的英语与外籍旅客沟通，也是乘务员必不可少的技能。

如表7-1所示是机上客舱服务沟通用语，乘务员要熟练掌握并灵活运用日常基本用语，以便与旅客进行沟通。

表7-1 机上客舱服务沟通用语

客舱服务阶段	服务沟通用语
迎客阶段	（1）早上好/中午好/下午好！欢迎登机！ Good morning/afternoon/evening, Welcome aboard! （2）请问我能看一下您的登机牌吗？ May I see your boarding pass, please? （3）请您一直往客舱里面走，座位号位于行李架边缘。 Please go straight in the cabin, Your seat number is on the edge of the rack. （4）先生/女士打扰一下，麻烦您侧身让后面的旅客通过。 Excuse me Sir/Madam, could you please give way to the passengers behind. （5）您里面有贵重物品吗？可以提前取出，放在您前排的座椅下方或座椅口袋。 If there are any valuables in your baggage, you may take them out and stow them in the seat pocket in front of you or under the front seat
餐饮服务阶段	（1）现在我们为您提供餐饮服务，我能为您把小桌板放下来吗？ We are going to serve you dinner/snacks.May I put down your tray table? （2）我们为您提供了鸡肉米饭和蚝油牛肉面，请问您喜欢哪一种？ We have chicken rice and beef noodles in oyster?Which one do you prefer

续表

客舱服务阶段	服务沟通用语
餐饮服务阶段	（3）我去看看其他餐车里有没有富裕的。 Let me check if there are some available in other trolleys. （4）感谢您的理解，下一餐我们一定让您优先选择。 Thank you for your understanding.You will have priority to make a choice for the next meal. （5）实在抱歉，可乐没有了，给您雪碧好吗？ I am afraid the cola is not available.May I offer you sprite instead
空中飞行阶段	（1）很抱歉客舱温度让您感觉不适，我再给您拿一条毛毯好吗？ I am sorry that you are not feeling comfortable in this part of the cabin.In the meantime would you care for another blanket? （2）安全带信号已经解除，您可以使用客舱中部的洗手间。 Now the seat belt sign has been turned off.You may use lavatories at the middle cabin. （3）如果您需要去卫生间，我们乘务员可以帮助您。 Our flight attendants will help you if you would like to go to the lavatory. （4）我给您拿个枕头，这样会舒服一些。 May I bring you a pillow?It will make you feel more comfortable
飞行落地阶段	（1）下机时请携带好您的手提行李和其他私人物品。 Please make sure to take all your hand luggage and personal belongings when you disembark. （2）外面天气冷，请添加随身衣服以免感冒。 It is quiet cold outside.Please dress warmly before going out. （3）请在这里稍候，您有充足时间整理行李。 Take your time，please.There will be enough time to collect your personal items. （4）请在这稍等片刻，等到廊桥对接好后才能下机。 Please wait here for a while until the boarding bridge is in position. （5）您可以与地面人员联系，确认您的转机航班。 You may confirm your transit flight with our ground staff

课后习题

1. 选择题

（1）在与旅客沟通的过程中，需要使用哪些沟通技巧？（　　）

A. 尊重　　　　　　B. 倾听　　　　　　C. 提问　　　　　　D. 回应

（2）在与旅客沟通时，需注意哪些原则？（　　）

A. 积极应对原则　　　　　　　　　　　B. 真诚友善原则

C. 知己知彼原则　　　　　　　　　　　D. 实事求是原则

2. 简答题

（1）与旅客沟通时，积极地予以回应对事情的解决有什么帮助？

（2）在机上餐饮服务的过程中，如何运用所学的沟通技巧来有效劝说前排脱鞋旅客穿鞋？

任务二　机上销售

知识目标

了解机上销售商品的种类和销售时机的选择。

技能目标

（1）掌握机上销售基本流程。
（2）掌握机上销售技巧。

素质目标

学生能够熟练掌握机上销售技巧的运用，能够在机上销售推介的过程中保持优雅的姿态。

案例导入

乘厦航出行，点一杯冷萃沁饮开启秋日之旅

厦航空厨携手新锐茶饮品牌 BASAO 联名推出了三款机上可选的冷萃茶饮，分别是醇厚回甘的铁观音、芬芳清雅的茉莉毛峰和花香浓郁的鸭屎香单丛，让旅客在飞行旅途中可以喝上一瓶沁人心脾的冷萃茶，一扫困倦，开启秋日沁爽之旅。此次厦航空厨与 BASAO 联名，将可持续理念融入出行茶饮，茶叶采自倡导古法种植的生态茶园，遵循茶树的自然生长规律，每株单丛茶都不打农药、不施化肥，践行绿色发展理念，品味茶最本真的味道。不同于热泡茶，低温萃取的茶汤口感清凉甘甜，并且很好地保留了茶多酚、儿茶素等多种营养物质，成为世界流行的新晋健康饮茶方式。

"厦航空厨"作为厦航全新打造的自有品牌，也希望将颐养身心的新生活方式传递给旅客。除了推出付费升级茶饮，厦航还为旅客们准备了其他福利，例如，购买任意一款厦航付费机上餐食新品的旅客可额外获赠白鹭积分，还推出了更多会员权益与积分玩法，帮助旅客们"吃更好、行更优"。

那么为了更好地推广冷萃茶饮，乘务员可以运用哪些销售技巧呢？

一、机上销售概述

1. 机上销售简介

1）机上销售的商品

航空公司在机上销售活动中，为了满足旅客不同的消费需求，秉持以中端商品推荐为主，低端和高端商品推荐为辅的商品推荐理念。为了凸显销售商品所带来的品牌效应，致力于将"高品质，优价格"的好商品推荐给机上旅客。

2）机上销售的方式

各大航空公司为了能更好地提升旅客机上的购买体验陆续开展了线上及线下的营销模式来丰富旅客的购物体验，旅客通过使用手机 APP 或微信小程序就可以完成购买，并且有了更多的选择空间。

3）机上销售的时机

乘务员需要在确保飞行安全的前提下、在完成基本客舱服务后、在不打扰旅客休息的前提下根据航程长短完成销售工作。对于头等舱与公务舱旅客，两舱乘务员可以单独向其推荐。同时，乘务员要控制好机上销售时间，一般在落地前 35 分钟左右应结束销售，以便进行后续工作。

2. 机上销售商品的种类

机上销售商品的种类大致可以分为以下 4 种：

（1）美妆类、香水类；

（2）配饰类、纪念品类、玩具类；

（3）酒水及软饮类；

（4）食品、百货及其他商品类等。

二、机上销售技巧和机上销售基本流程

1. 机上销售技巧

1）真心实意法

机上销售时，乘务员间需相互配合，并真心实意地将一件件高端又实惠的商品介绍给真正有需求的旅客。

2）提示引导法

乘务员在进行商品介绍时，需多使用共性词汇，如"我们""咱们""会使我们""会让我们"等拉近距离的词汇。通过共性词汇的引导，让旅客从商品介绍中发现需求。因此，乘务员的机上销售工作是提示旅客发现商品特点，引导旅客根据需求进行购买。

3）善听尽行法

乘务员在销售过程中应善于倾听，以便能及时记录旅客的要求，避免造成答应了却没做到的服务过失，从而失去旅客的信任。同时，善于倾听、言出尽行也会给乘务员的销售工作带来更多的便利。

2. 机上销售基本流程

（1）在机上销售前，乘务长可以安排乘务员先行发放宣传折页，以便给旅客充分了解商品的时间。

（2）在餐饮服务结束后，乘务员需将商品整洁美观地摆放在销售车上。并注意要将当季重点推荐的商品和人气商品摆放在显眼的位置，并准备好计算器、备用金、POS 机、纸、笔等物品。

（3）乘务员从前向后有序地向旅客介绍和展示所售卖的商品，并分工协作，一个人负责销售，一个人负责收款及看管销售车上的商品。

（4）旅客购买商品后，乘务员需要将旅客购买的商品装入购物袋内，连同旅客的证件、刷单卡、持卡人存根一并交还旅客。

（5）旅客购买商品后，乘务员需要提示旅客当场开启商品包装，检查商品是否完好，若发现商品有损坏，乘务员则需要填写情况说明并让旅客签字后予以退换。

（6）销售结束后，乘务员需要清点商品并核对账目，核对无误后，准确填写《机上免税品销售记录》，并将本航程的销售刷卡存根单据与现金一并放入塑封钱袋内。乘务员需要将销售车锁好，并与航机员做好对接，避免商品丢失。

3. 付款方式

1）信用卡

一般在国际航班的机上销售中，允许使用的信用卡如表 7-2 所示。

表7-2 机上允许使用的信用卡

中文卡名	英文名称	简称
中国银联	China UnionPay	UnionPay
美国维萨卡	VISA	VISA
万事达卡	MASTER CARD	MASKA
日本信用局卡	JAPAN CREDIT BUREAU	JCB
美国运通卡	AMERICAN EXPRESS	AMERICAN EXPRESS

2)货币

一般在国际航班的机上销售中,允许使用的货币如表7-3所示。

表7-3 机上允许使用的货币

货币名称	国际通用代码	货币符号	特征
人民币	CNY	RMB	人像有鲜明凹凸感,安全线上有微缩文字
欧元	EUR	€	正面由象征合作精神的门窗组成
英镑	GBP	£	正面印有英国女王伊丽莎白头像等
瑞士法郎	CHF	SF	钞票的上方有"十"字形对印
瑞典克朗	SEK	SK	不同金额有对应不同的防伪水印或荧光标识
新加坡元	SGD	S	票面显著印有"SINGAPOPE"字样
日元	JPY	J	背面多处印有"NIPPON GINKO"字样
韩币	KRW	KW	正面印有"世宗大王"图案等
美元	USD	US	采用凹凸印刷术,正反不同,有明显手感
加元	CAD	CAN	正面印有历史人物头像,反面印有本国珍稀动物图案

课后习题

1. 选择题

(1)机上可以使用的信用卡有哪些?(　　)

A. VISA　　　　　　　B. MASKA

C. JCB　　　　　　　　D. AMERICAN EXPRESS

E. China UnionPay

(2)机上的付款方式有哪些?(　　)

A. 现金支付　　　　　B. POS 机支付　　　　　C. 扫码支付

2. 简答题

(1)机上销售的商品大致可分为哪几类?

(2)简述机上销售的基本流程。

任务三　机上其他活动

知识目标
了解机上活动开展的意义、流程和形式。

技能目标
（1）掌握机上活动的组织分工与开展流程。
（2）具备机上活动的口语表达能力与活动带动能力。

素质目标
学生在机上活动的训练中，小组成员需要高度配合并积极为机上活动谋划献策。

案例导入

案例一　航空公司机上冰雪主题活动

当冬奥会与春节邂逅，中国"年味"赋予了这场冰雪盛会更多内涵。1月29日，2022年北京冬奥会开幕倒计时进入"读秒"阶段，河北航空携手河北省体育局，以"激情冰雪，筑梦蓝天"为主题，在NS3301石家庄至三亚的航班上，为旅客准备了一场沉浸式的视听冰雪体验，向广大旅客科普冬奥知识，在万米高空与旅客一起为冬奥助力！在航班上，乘务组精心策划了丰富多彩的活动，包括冬奥常识有奖问答、"一起向未来"手势舞、冬奥及春节寄语等，一组组生动有趣的互动游戏、一份份别有新意的精美礼品、一张张洋溢着笑容的脸庞，让客舱充满欢声笑语，掀起了一波波的活动高潮。

请思考：举办客舱活动有什么意义？机上活动开展的形式有哪些？

案例二　河北航空"一季一景之冬季游河北，福地过大年"主题活动

为响应由河北省文化和旅游厅主办的2020·河北邀约"冬季游河北 福地过大年"推广活动，河北航空的乘务部作为品牌形象的代表，在会上为大家上演了一场别出心裁的手语舞表演，"乐享河北"号飞机与活动现场进行了视频连线，诚邀八方旅客搭乘河北航空，畅游河北。同时在航班中开展特色服务活动，乘务组邀请旅客们分享自己知道的河北名人故事，并为积极参与的旅客准备了精美的礼品。诚意满满的特色活动收获了旅客们的好评，大家在收获欢乐的同时，也对河北旅游和燕赵文化有了更进一步的了解。

请思考：此案例中河北航空举办的主题活动共设置了几个活动环节？举办此次活动的意义有哪些？

一、机上活动

航空公司为了更好地提升机上服务品质，拉近与旅客间的距离，常常会在精品特色航线上开展一系列的机上主题活动，乘务组们也为了能给旅客在漫长的飞行旅程中增添

飞行乐趣、丰富飞行体验、提升飞行快感，积极地为机上活动谋划献策。

1. 机上活动开展的意义

对于航空公司而言，机上活动的有序开展不仅能有效地向旅客展示航空公司的服务活力，还能更直观地提升旅客对航空公司的服务印象，从而提升航空公司服务品牌的影响力。同时，机上活动的开展也是构建了乘务员与旅客快速拉近距离，提升旅客乘机满意度的高效平台。

2. 机上活动开展的时机

目前国内航空公司通常会在其精品及特色的中长航线上开展机上活动。活动时间一般选择在旅客精神较好的日间航线，或者在餐饮服务结束后进行，若在晚间，则应在不打扰旅客休息的前提下开展活动。

3. 机上活动的开展形式

以国内各大航空公司为例，为了更好地提升服务品质、优化品牌形象、提升服务产品特色、增强旅客飞行体验，根据航程和航段的不同，可以把机上活动大致分为两类，分别是大型客舱活动和特色两舱服务产品延伸活动。

大型客舱活动通常会在特定的传统节日、纪念日或特色航线上进行，参与者为机上全体旅客，因此在活动安排上，应以客舱互动环节为主。活动的主要形式有机上手势操（见图7-2）、机上休闲瑜伽操、机上特色舞蹈展演、机上爱心捐款、机上爱心竞拍、机上歌曲联唱等。

图 7-2　机上手势操

二、机上活动开展流程和注意事项

1. 机上活动开展流程

（1）活动开展之前由乘务长负责分工，并划分好各乘务员的责任区域，同时由乘务长在组员中选择表达能力较强的乘务员作为活动的主持人。

（2）选定的主持人应提前准备好本场活动的主持内容，并提前与组员沟通活动环节的细则。要求主持人能准确清晰地为机上旅客介绍本次活动主题、活动环节概述及互动环节的相应内容。

（3）主持人在宣布活动开始时，应以饱满的精神面貌来充分调动客舱氛围，并运用主持语言的力量与活动气氛的烘托效果让旅客感受到航空公司的热情与真诚。

（4）主持人在与旅客的互动沟通中，需用口语化的表达方式，这样不仅能让旅客清晰地听懂主持人表述的内容，还能给旅客留下亲切、大方的好印象。

（5）主持人需提前准备好相应的暖场语言来及时应变客舱可能出现的各类活动情况。

（6）活动有序开展的同时，分布在客舱中的乘务员们需主动配合，并积极与旅客交流互动，引领旅客参与到活动中来。

（7）在活动推进中，若有乘务员演示环节，乘务员则需动作准确到位地给予旅客清晰明确的示范，并提示动作要点。

（8）在活动环节中，若有礼品互动环节，乘务员则需做到航前仔细清点核对，活动中控制礼品发放数量，航后做好相关记录等工作。

2. 机上活动开展时的注意事项

（1）机组人员需明确主持人在整个活动过程中发挥的主导作用。因此，在选择主持时，需优先考虑有控场能力及临场应变能力的乘务员。

（2）一个好的开场是活动成功的关键。因此，主持人需要在活动开始之前认真准备活动介绍用语，并能运用简单、清晰、通俗的表达方式来解说细则，以便旅客能更快地参与到活动中来。

（3）乘务组需在活动开展之前，详尽地沟通好活动细则，组员们要做到主动地配合，才能准确地传递客舱活动信息，协同提升活动的完成满意度。

课后习题

1. 选择题

（1）机上销售中，通常会主推哪个层级的商品？（　　）
A. 低端商品　　　　B. 中端商品　　　　C. 高端商品
（2）机上活动的开展形式有哪些？（　　）
A. 机上手势操　　　B. 机上休闲瑜伽操　　C. 两舱特色限定饮品服务

2. 简答题

（1）机上活动的举办对航空公司而言有什么意义？
（2）机上活动的开展最好选择在什么时候？

任务四　颠簸处置流程

知识目标

（1）了解机上颠簸的类型；
（2）了解颠簸的客舱表现形式和客舱服务措施；
（3）了解防颠簸处置流程和颠簸造成人身伤害的处置流程。

技能目标

（1）能够熟练掌握颠簸时对安全、广播的要求及颠簸结束后的处置措施；
（2）能熟练掌握可预知性颠簸和不可预知性颠簸的应对措施；

（3）能根据颠簸的分类在颠簸发生时采取相应的措施。

素质目标

学生能够正确运用机上颠簸处置流程，为旅客创造安全和舒适的乘机环境。

案例导入

案例一　客舱乘务员受伤了

2020 年 8 月 20 日下午，某航空公司从北京飞往杭州的航班在 120 秒内下降 1000 米，造成两名乘务组人员受伤。

航空公司回应称，飞机下降发生在快到杭州准备降落的过程中，原因是突遇强气流产生颠簸。航空公司官方证实，航班飞行过程中突遇晴空颠簸，机组按规定处置，飞机正常下降，并无旅客受伤。经医院初步诊断，有两名执行客舱安全检查任务的乘务员软组织挫伤。

请思考：如果你是客舱乘务员，你会如何运用机上颠簸的处置流程保护旅客和自己？

案例二　中度颠簸客舱乘务员仍在提供服务

某航班在飞行过程中遇中度颠簸，驾驶舱给出两声铃提示，乘务员仍在客舱中提供服务，并且客舱中有旅客站在过道。

请思考：客舱乘务员遇到中度颠簸，她们在客舱中的行为对吗？为什么？

案例三　没等到洗手间，却等到了颠簸

餐饮服务结束后，部分旅客正在排队使用洗手间。此时，安全带指示灯接通两次，头等舱乘务员对全客舱进行了颠簸广播。普通舱乘务员立刻让正在过道排队的旅客就近入座，但仍然有两名旅客没有就近的空座位，便让他们坐在了乘务员座椅上。一名乘务员因无处可坐便站在后服务间，通过抓住旋转座椅来固定自己，此时飞机突然颠簸，该乘务员没有站稳，差点摔倒。

请思考：如果你是客舱乘务员，你会如何执行中度颠簸应对措施？

一、颠簸的特点

1. 颠簸的产生和分类

颠簸指飞机在穿越云层或碰到强大气流时出现的忽上忽下、左右摇晃及机身抖动等现象，一般发生在卷云内部、荚状云内，以及某些情况下的雷暴附近。通常颠簸发生在 7000 米以上的高空。如图 7-3 所示是飞机严重颠簸时客舱里的画面。

颠簸是一种常见的飞行现象。有时在万里晴空中也会出现强烈的扰动气流，使飞机产生剧烈颤抖，即晴空乱流，也叫"晴空颠簸"。

一般把颠簸按程度的不同分为轻度颠簸、中度颠簸和严重颠簸。飞行计划中会显示预计航路的颠簸指数。

图 7-3　飞机严重颠簸时客舱里的画面

1）轻度颠簸

轻度颠簸时飞机会轻微、快速且有些节奏地上下起伏，但是没有高度和姿态的变化。旅客会感觉安全带略被拉紧。

颠簸指数 1～5，机组无须采取任何措施，只需要通知旅客系好安全带。

2）中度颠簸

中度颠簸时飞机会快速地上下起伏摇动，但没有明显的高度和姿态变化，始终在可控范围内。通常这种情况会引起空速波动，旅客会明显感到安全带被拉紧。

颠簸指数 6～14，飞行机组会在飞行计划上标示出来，在飞行前准备的时候，通报乘务员，并在即将进入颠簸的时候通报机组和全体旅客，停止客舱服务。

3）严重颠簸

严重颠簸时飞机高度或姿态发生很大并且急剧的改变，飞机可能会短时间失控，旅客会感觉安全带被急剧拉紧。

颠簸指数在 15 级以上就是严重颠簸了。如果预计航路上有严重颠簸，航空公司的签派员就需要重新制作新的航路和飞行高度，避开严重颠簸区，所以在飞行计划上很难看到严重颠簸。

2. 颠簸的客舱表现形式和客舱服务措施

在飞行中，飞机随时可能遭遇颠簸，颠簸分为执行性颠簸和突发性颠簸。颠簸信息由机组随时通知乘务组，颠簸程度原则上由机长确定并通知乘务组。

1）轻度颠簸的客舱表现形式和客舱服务措施

客舱表现形式：饮料在杯中晃动，但未从杯中晃出；安全带有稍微被拉紧的感觉；餐车移动时略有困难。

客舱服务措施：视情况服务；送热饮时需要格外小心；视情况暂停客舱服务，固定餐车和服务设施。

2）中度颠簸的客舱表现形式和客舱服务措施

客舱表现形式：饮料从杯中晃出；明显感觉到安全带被拉紧；行走困难；没有支撑物较难站起；餐车移动困难。

客舱服务措施：暂停服务；固定餐车和服务设施（如有可能将餐车拉回服务舱并锁扣好）。

3）严重颠簸的客舱表现形式和客舱服务措施

客舱表现形式：物品摔落或被抛起；未固定物品摇摆剧烈；安全带有被猛烈拉紧的感觉；不能在客舱中服务或行走。

客舱服务措施：立即停止一切服务；立即在原地踩好餐车刹车；将热饮放入餐车内。

二、颠簸的处置措施

1. 颠簸时对安全、广播的要求及颠簸结束后的处置措施

1）轻度颠簸

安全要求：检查旅客已入座和系好安全带；手提行李已妥善固定；视情况检查婴儿摇篮里的婴儿是否被监护人抱出并系好安全带或固定。

广播要求：客舱广播或发送信息提示；视情况增加广播内容和次数。

颠簸结束后的处置措施：客舱乘务员迅速巡视客舱，将情况立即报告客舱经理/乘务长，客舱经理/乘务长立即向机长报告客舱情况。

2）中度颠簸

安全要求：检查旅客已入座和系好安全带，手提行李已妥善固定；回乘务员座位坐好并系好安全带和肩带；视情况检查婴儿摇篮里的婴儿是否被监护人抱出并系好安全带或固定。

广播要求：飞行机组广播；客舱广播；视情增加广播内容和次数。

颠簸结束后的处置措施：客舱乘务员迅速巡视客舱，将情况立即报告客舱经理/乘务长，客舱经理/乘务长立即向机长报告客舱情况。

3）严重颠簸

安全要求：乘务员马上在就近座位坐好，系好安全带或就地坐下，抓住行李挡杆；抓住客舱中的餐车；对旅客的呼叫可稍后处理。

广播要求：飞行机组广播；客舱广播；增加广播内容和次数。

颠簸结束后的处置措施：客舱乘务员迅速巡视客舱，将情况立即报告客舱经理/乘务长，客舱经理/乘务长立即向机长报告客舱情况。

2. 可预知性颠簸和不可预知性颠簸的应对措施

1）可预知性颠簸的应对措施

（1）机组准备会时，机长应根据最新有效的天气报告及航路中可能出现的颠簸区域，包括预计遇到颠簸的时间、强度和持续时间等信息告知客舱机组，并做好预案。

（2）飞行中，客舱乘务员根据飞行机组告知的预知性颠簸的等级和准备时间采取相应的应对措施。飞机即将进入可预知的中度及以上颠簸区域时，飞行机组应及时向客舱乘务组通报可能遇到的颠簸的等级、准备时间、预计持续的时间（如可预测）等，并请乘务组做好准备。乘务组应根据情况做好准备，必要时调整空中服务项目。

（3）"系好安全带"灯亮时，客舱乘务组应视情况暂停/停止客舱服务。

（4）客舱乘务员应广播通知旅客就座并系好安全带。

（5）如果暂停/停止服务，那么应对旅客进行广播，并说明服务暂停/停止的原因。

（6）当客舱乘务组被通知将遇到颠簸时，客舱乘务员应视准备时间完成以下工作：贮藏大件物品，如餐车；贮藏热饮；固定厨房设施；检查客舱和洗手间；固定、保护自己。

(7)"系好安全带"灯熄灭或接到通知后，客舱乘务员检查旅客、机组人员和客舱情况。
(8)客舱乘务员向乘务长报告客舱情况，乘务长向飞行机组报告。
2）不可预知性颠簸的应对措施
(1)飞行机组应当立即接通"系好安全带"灯，以示警告。
(2)客舱乘务员应立即固定自己，直到"系好安全带"灯熄灭或接到通知。
(3)客舱乘务员应广播通知旅客就座并系好安全带。
(4)"系好安全带"灯熄灭或接到通知后，客舱乘务员检查旅客、机组人员和客舱情况。
(5)客舱乘务员向乘务长报告客舱情况，乘务长向飞行机组报告。

三、各类颠簸的处置流程

1. 防颠簸处置和颠簸发生伤人事件的处置流程
1）防颠簸处置流程
(1)根据机长指令，及时广播，视情况增加广播内容及次数，及时做好旅客提醒和个人防护，严防颠簸意外伤人事件的发生。
(2)监控好服务舱，对松散物品及时进行固定。
(3)突发中度以上颠簸时，客舱乘务员应尽快入座、系好安全带，如无可使用座位可就地坐下、拉住行李挡杆。
(4)极端情况下可坐在旅客身上并请旅客抱好客舱乘务员。
2）颠簸发生伤人事件的处置流程
(1)第一时间广播找医生、查看医生的有效证件、询问病史，进行现场急救。
(2)救助时应尽可能避开旅客视线以免造成旅客的恐慌，安排区域客舱乘务员控制周围旅客情绪，避免大面积纵向移动。
(3)委派专门的客舱乘务员与机组之间保持信息沟通，以便机组第一时间做出适当的决策。通知卫生检疫部门，要求轮椅或救护车等在机门口等待，如果涉及备降、返航事宜，那么客舱乘务员应向同机旅客做相应的解释。
(4)如果机型允许，那么应该及时使用机上 Wi-Fi 与相关部门进行汇报，获得相关部门协助，同时做好适当的舆情监控。
(5)填写好相关单据，落地后与地面服务部门做好各项工作的交接。
(6)客舱乘务员应将航班上发生的情况直接报告给客舱部门的总值班领导。
2. 颠簸处置流程
(1)航前准备会时，机长根据获得的最新有效的天气报告，以及航路中可能出现的颠簸区域，包括预计遇到颠簸的时间、强度和持续时间等信息告知客舱机组，并做好预案。客舱经理/乘务长应根据预报确定客舱乘务组服务工作程序和注意事项；客舱机组应提前将可预知的颠簸情况通过广播等方式告知旅客。
(2)起飞后20分钟或平飞时，机长应根据实际天气条件及飞行机组工作强度，适时向客舱经理/乘务长告知当前天气状况，如果起飞后20分钟且飞行平稳，驾驶舱未与客舱联络告知以上内容，客舱经理/乘务长应主动与驾驶舱联络以获得相关信息，以便客舱乘务组及时根据实际条件开展客舱服务工作。
(3)飞行过程中，客舱机组应与飞行机组时刻保持通信畅通。

（4）在飞行过程中和下降前，针对航路及目的地特殊的天气情况，机长应向客舱机组作特别的提示，若收到机长针对特殊天气提出的特别提示，客舱机组的应提前做好防范颠簸伤人措施。

（5）发生或预计发生轻度颠簸时，飞行机组以接通一次"系好安全带"灯的方式通知客舱机组；发生或预计发生中度或以上颠簸时，飞行机组以连续两次接通"系好安全带"灯的方式通知客舱机组；遇到突发性严重或以上颠簸时，飞行机组以连续两次接通"系好安全带"灯或客舱广播的方式通知客舱机组。客舱机组获取以上颠簸信息后做出相应的应对措施。

（6）发生颠簸伤人事件时，客舱机组应及时向飞行机组报告受伤人员的数量和程度，以及客舱内的情况，以便飞行机组做出进一步的决策。

课后习题

1. 选择题

（1）颠簸按照剧烈程度的不同分为（　　）类。

A. 5　　　　　B. 7　　　　　C. 2　　　　　D. 3

（2）颠簸指数为（　　）时，飞行机组会在飞行计划上标示出来，在飞行前准备的时候通报乘务员，在即将进入颠簸的时候通报机组和全体旅客，并停止客舱服务。

A. 15～16　　　B. 6～14　　　C. 1～5　　　D. 4～10

（3）遇到中度颠簸时应（　　）。

A. 立即暂停客舱服务　　　　　B. 提供热饮料

C. 加强客舱巡视　　　　　　　D. 继续服务

（4）轻度颠簸时对安全的要求包括（　　）。

A. 检查旅客已入座和系好安全带

B. 手提行李已妥善固定

C. 视情况检查婴儿摇篮里的婴儿是否被监护人抱出并系好安全带或固定

D. 回乘务员座位坐好并系好安全带

2. 简答题

（1）轻度颠簸、中度颠簸和严重颠簸的定义？

（2）3种颠簸发生时的客舱服务措施是什么？

（3）轻度颠簸、中度颠簸和严重颠簸后的处置措施是什么？

3. 情景演练题

（1）请一个乘务组模拟发餐时发生颠簸的处置流程。

（2）请一个乘务组模拟颠簸后的处置流程。

任务五　机上广播词

知识目标

掌握机上的常用广播词。

技能目标

通过训练，能够掌握机上广播技巧，并能熟练地进行机上广播。

素质目标

学生需熟练掌握机上常用的广播词，并能以动听、悦耳、亲切、美妙的声音进行广播，从而提升旅客的乘机体验和对航空公司的满意度。

一、机上广播的要求和技巧

机上广播是客舱服务的重要环节，规范、清晰、动听的机上广播作为机组与旅客交流的一种方式不仅能为旅客提供及时的消息，还能让旅客感到愉悦。掌握客舱播音技巧有助于提高客舱乘务员的服务技能。

1. 机上广播的要求

1）机上广播的基本要求包括以下几点。

（1）客舱乘务员在进行客舱广播前，要求必须熟悉中英文广播词的内容。

（2）中文广播时，使用标准的普通话。

（3）英语广播时，使用标准的英语。

（4）使用机上广播器时，应与广播器保持适当的距离，避免忽远忽近，影响广播质量。

2. 机上广播的技巧

客舱乘务员在进行广播时，应注意以下几个方面。

1）播音中的换气

（1）停顿除了为了休息换气外，更是为了充分表达朗读者的思想情感。停顿包括语法停顿和语意停顿。语法停顿包括自然段落和标点符号的停顿，要条理分明。句子中要注意逻辑停顿，语断气连就是一种方法。

（2）重音。重音就是在词和语句中读得比较重，扩大音域或延长声音，可以突出文章的重点，表达自己的感情，重音可分为语句重音和思想重音。

2）气息的控制

（1）换气就是用气的过程，播出的内容千变万化，就要采用不同的用气方法，补气和换气是一种朗诵技巧。在广播的过程中应依情取气，即依照感情发展的变化采取不同的用气方法。

（2）补气的方法包括偷气、抢气和就气。可通过读短小精悍的诗歌、绕口令、散文等进行训练。

（3）紧张实际是口唇的紧张，在广播前要多做口唇练习，如将舌头在口腔内360°大循环15次左右。

二、机上常用的广播词

1. 关机门前广播

女士们、先生们：

您乘坐的是＿＿＿＿航班，飞往＿＿＿＿。为了飞行安全，请您在飞机上不要使用充电宝等锂电池移动电源。谢谢。

Ladies and gentlemen,

Our flight, is bound for____. For safety reasons, you are not permitted to use the portable power banks on board.

Thank you.

2. 欢迎词及安全检查

女士们、先生们、"____"会员们：

早上好/下午好/晚上好！

我是本次航班的（客舱经理/乘务长）（姓名）。本次航班前往___。从___到___的空中飞行时间大约需要___小时___分钟。

现在飞机已经开始滑行，请您系好安全带，打开遮光板，收起小桌板，调直椅背，取下耳机及座椅电源上的数据连接线。使用便携式电子设备时，应打开飞行模式。小型设备可全程使用，大型电子设备仅在巡航阶段使用。飞行全程中禁止吸烟，包括电子烟及同类产品。为防止意外颠簸，请您全程系好安全带。

谢谢。

Good morning/afternoon/evening, ladies and gentlemen and members of____Miles: This is your cabin manager/purser speaking.

Welcome to____Alliance.This flight is bound for____.Our flight time is____H____M.

Now we are ready for departure. Please fasten your seat belt, open the window shade, secure your tray table, bring your seat back upright and unplug your headphones and electronic devices. Please switch to airplane mode when using your portable electronic devices.Small devices can be used during the entire flight.Large devices can only be used during cruise.Smoking onboard is forbidden, including e-cigarettes and similar products.Please keep your seatbelt fastened in cased of sudden turbulence.

Thank you!

3. 客舱安全检查广播

女士们，先生们：

现在乘务员进行安全检查，请您协助我们调直座椅靠背、收起您的小桌板、系好安全带、打开遮光板。

本次航班为禁烟航班。在客舱和盥洗室内禁止吸烟。严禁损坏盥洗室的烟雾探测器。

谢谢！

Ladies and gentlemen,

In preparation for departure we ask that you take your seats, place your seat in the upright position and fasten your seat belt securely. We also ask that you stow your small table and open the window shade.

This is a non-smoking flight. Smoking is not permitted in the cabin or lavatories. Tampering with or destroying the lavatory smoke detector is prohibited.

Thank you!

4. 起飞前广播

女士们，先生们：

我们的飞机很快就要起飞了,请您再次确认您的安全带是否系好。

谢谢您的合作!

Ladies and gentlemen,

Our plane will be taking off immediately. Please make sure that your seat belt is securely fastened.

Thank you!

5. 供餐广播

女士们,先生们:

现在我们准备为您提供正餐/快餐及饮料,请您放下小桌板,为方便其他旅客,请您调直座椅靠背。哪位旅客预订了特殊餐食,请按呼唤铃与乘务员联系,欢迎您选用。

谢谢!

Ladies and gentlemen,

We will soon be serving lunch and beverages. Please put down the table in front of you. Seat backs should be returned to the upright position. Those passengers, who requested special meals, please press your call button to identify yourself. You are welcome to take your choice.

Thank you!

6. 飞机颠簸时广播

女士们、先生们:

飞机因气流影响,正在颠簸,请您系好安全带并妥善放置您的手提行李。机上洗手间暂停使用,正在使用洗手间的旅客,请您抓好扶手。(颠簸期间,我们将暂停客舱服务。)谢谢。

Ladies and gentlemen,

We are experiencing some turbulence.Please fasten your seatbelt and stow your bags properly. The lavatories will be temporarily closed, passengers who are currently in the lavatories, please hold on to the handrail. (Our cabin service will be suspended during this period.)

Thank you.

7. 爬升/下降阶段暂停服务广播

女士们、先生们:

我们的飞机正处于爬升/下降的关键阶段,请保留您的呼唤铃,我们将在平飞/飞机落地后及时为您服务。谢谢。

Ladies and gentlemen,

Our aircraft is climbing / descending and all service will be suspended due to safety reason. Please keep your call button illuminated until the aircraft has reached cruising altitude / landed.

Thank you.

8. 预报时间和下降广播

女士们、先生们:

我们预计将在(北京时间/当地时间)____时____分到达____机场。____的地面温度为____摄氏度、____华氏度。

飞机即将下降。现在，请您确认紧急出口的位置，系好安全带，打开遮光板，收起小桌板，调直椅背，取下耳机及座椅电源上的数据连接线，妥善存放笔记本电脑等大型便携式电子设备。机上洗手间将在____分钟后停止使用。

谢谢！

Ladies and gentlemen,

Our aircraft will be landing at _____ airport at _____ （Beijing time/Local time）. The ground temperature is___ degrees Centigrade, and___ degrees Fahrenheit.

We will start to descend soon. Please identify the emergency exit, fasten your seat belt, open the window shade, secure your tray table, bring your seat back up right, and unplug your headphones and electronic devices. Please make sure the large portable electronic devices are stowed properly. The lavatories will be closing in _____ minutes.

Thank you!

特别说明：

飞行时间 3.5 小时以上的航班，在着陆前 50 分钟广播；

飞行时间 60 分钟～3.5 小时的航班，在着陆前 40 分钟广播；

飞行时间 60 分钟以下的航班，在着陆前 30 分钟之前完成广播。

课后习题

情景演练题

模拟练习上述 8 种机上常用广播词。

项目小结

本项目介绍了机上服务沟通技巧、服务沟通用语等内容，机上沟通直接影响旅客的飞行体验，因此规范乘务员的机上沟通服务用语，是提高旅客机上服务体验的关键。

本项目还介绍了机上销售商品的种类和销售时机，客舱乘务员应以雅致的姿态把好的产品推介给机上旅客。

本项目还介绍了机上活动开展的意义、流程和形式，颠簸处置流程，机上的常用广播词。通过学习本项目有助于提升乘务员的服务质量，从而提升旅客的乘机体验和对航空公司的满意度。